前言

随着全球化进程的不断推进,英语作为国际通用语言正发挥着日益重要的作用和价值。在这个多元化和互联互通的时代,英语不仅在跨国交流和跨文化交流中起到了桥梁的作用,还成为高校教育中的重中之重。英语教学的实践性要求越来越强。仅仅掌握课本上的基础知识已经远远不够,学生还需要具备将所学知识运用到实际生活中的能力。因此,高校英语教学不仅注重语法和词汇的学习,还强调语言技能的培养,包括听、说、读、写和交流能力的全面提升。与此同时,高校英语教学也要具备一定的针对性。不同领域的需求不同,文化、商业、科技等方面的侧重点各异。为了满足学生的专业需求,高校需要在教学模式创新的过程中与时俱进,密切关注时代脉搏和社会需求,灵活调整教学内容和方法,使之更贴合实际应用。

高校作为学生成长的重要场所,承担着培养具有全球视野和国际竞争力的人才的重要使命。在信息时代的背景下,学生与外界的联系越来越紧密,国际一体化成为必然趋势。因此,高校英语教学不仅要关注语言技能的培养,还要注重培养学生的跨文化交际能力、国际视野和全球意识,使之具备在跨文化环境中自如沟通和适应的能力。

在新的环境下,高校的英语教学需要不断创新。借助先进的教育技术和新媒体平台,高校可以积极应用各种新信息技术,开发自身教学潜力,提高教学效率。通过数字化和信息化手段,高校能够更好地管理和跟踪学生的学习进展,为个性化教学提供支持,并提供丰富多样的学习资源和互动平台,激发学生的学习兴趣和创造力。

随着科技的飞速发展,高校的英语教学正迎来智能化和信息化的时代。这一新的教学模式将传统的教学理念和现代信息技术相融合,为学生提供了更广阔的学习空间和资源。在信息化环境下,智能化和信息化的英语教学模式成为高等院校教育的主要方向。通过充分利用现代科技手段,学校可以打破时空限制,提供更广泛的学习机会和资源,创造更积极、互动、个性化的学习环境。这不仅对学生的英语学习有着深远的影响,也为高等教育的发展带来了机遇和挑战。

高校英语教学并不是一个简单的工程,想要取得较理想的教学效果必须进行大胆的改革和全面的创新。我国高校英语教学模式应注重英语的实用性教学,使学生掌握的知识能够与行业接轨,提升学生的综合能力。为更好适应社会发展,我们需要改革教育体制、改革英语教学模式,从而完成高校英语教育的重大任务。随着时代的发展,高校英语教学模式正在不断创新,这是不可避免的趋势。通过引入现代化的教学手段,高校能够充分发挥其教育资源,培养出更多优秀的人才。这种创新是为了适应时代的需求,确保学生能够获得更全面、更实用的英语教育,以应对日益复杂和多样化的社会挑战。只有不断推陈出新,高校才能在培养人才的道路上不断前进,与时俱进。

高校英语教学模式创新探究

韩薇 王剑娜 康玉 ◎ 主编

西安出版社

图书在版编目（CIP）数据

高校英语教学模式创新探究/韩薇，王剑娜，康玉主编. — 西安：西安出版社，2020.7
ISBN 978-7-5541-4712-2

Ⅰ.①高… Ⅱ.①韩… ②王… ③康… Ⅲ.①英语-教学模式-教学研究-高等学校 Ⅳ.①H319.3

中国版本图书馆CIP数据核字(2020)第113307号

高校英语教学模式创新探究
GAOXIAO YINGYU JIAOXUE MOSHI CHUANGXIN TANJIU

主　　编	韩薇　王剑娜　康玉
出版发行	西安出版社
社　　址	西安市曲江新区雁南五路1868号影视演艺大厦11层
电　　话	(029)85253740
邮政编码	710061
印　　刷	河北朗祥印刷有限公司
开　　本	787mm×1092mm　1/16
印　　张	11.5
字　　数	170千字
版　　次	2020年7月第1版
印　　次	2024年6月第1次印刷
书　　号	ISBN 978-7-5541-4712-2
定　　价	40.00元

本书如有缺页、误装、请寄回另换。

目 录

第一章 高校英语教学模式创新的方向 ……001
    第一节 高校英语传统教学模式的特征与局限 ……001
    第二节 高校英语教学转型期间的现状和问题 ……003
    第三节 新形势下高校英语教学模式创新走向 ……008

第二章 高校英语教学模式改革的理论基础 ……017
    第一节 基于建构主义的课程设计理念 ……017
    第二节 高校英语教学模式的创新理念 ……023
    第三节 高校英语教学系统的设计理念 ……028

第三章 高校英语教学模式创新的可选策略 ……048
    第一节 高校英语教学模式综述 ……048
    第二节 高校英语教学模式的优化 ……050
    第三节 高校英语教学模式创新策略 ……053

第四章 高校英语任务教学模式创新探索 ……057
    第一节 任务教学模式的问题与步骤 ……057
    第二节 任务教学模式的条件与原则 ……069
    第三节 任务教学模式的策略与阶段 ……073
    第四节 任务教学模式教学实践 ……080

第五章 高校英语多模态教学模式创新探索 ……087
    第一节 多模态教学模式的概念 ……087
    第二节 MAP与多模态教学模式设计原则 ……094
    第三节 基于MAP的大学英语课堂模式应用 ……105

第六章 高校英语网络化教学模式创新探索 ……………………115
- 第一节 信息技术对英语教学的影响 ……………………………115
- 第二节 信息技术与英语课程的整合 ……………………………121
- 第三节 高校英语网络化教学模式的构建 ………………………143
- 第四节 高校英语网络化教学模式的应用 ………………………150

第七章 跨文化交际与高校英语教学模式创新 ……………………155
- 第一节 文化导入与交际能力的培养 ……………………………155
- 第二节 跨文化交际与高校英语教学模式的关系 ………………162
- 第三节 跨文化交际背景下的高校英语教学模式分析 …………163
- 第四节 跨文化交际背景下的高校英语教学模式构建 …………168

参考文献 ……………………………………………………………175

第一章 高校英语教学模式创新的方向

第一节 高校英语传统教学模式的特征与局限

在我国的高等教育体系中,高校英语教学扮演着重要的角色,它是大学生必修的基础课程之一,对于培养人才起着不可替代的关键作用。随着社会和经济的不断发展,对高等教育人才培养的需求也面临新的挑战和要求。目前,传统的高校英语教学已经无法适应新型英语人才培养的需要,教学中存在的问题和局限性在很多方面均有体现。

一、课程设置单一

由于传统的高校英语教学目标一直定位在基础英语,长期以来高校英语的课程设置都是基于对语法和词汇等语言基础知识的传授,对听、说、读、写等语言技能培养而设计的。因此,传统英语课程的类型,主要包括一、二年级阶段开设的高校英语精读课程、泛读课程、听力课程、口语课程、写作课程。即便是上述这些课程,很多高校也不能完整全面地开设。不少高校将这几门培养不同语言技能的课程压缩为一门《综合英语》课程,寄希望于这一门课程能帮助学生掌握相关的语言知识,培养学生综合的语言能力。[1]

语言是文化的载体,是人与人之间交流思想的媒介,与英语紧密相连的还有其承载的政治、经济、社会、历史、地理、文化、科学、技术、学术、教育等各个方面的内容。传统的高校英语教学忽视了语言的这种重要功能,片面地、割裂地强调语言知识与技能的传授,将语言学习和语言承载的文化等实质内容割裂开来,造成语言学习过程单调乏味,大大降低了

---
[1]蔡基刚.中国大学英语教学路在何方[M].上海:上海交通大学出版社,2012.

学生学习英语的兴趣和积极性。

二、教学模式简单保守

除了高校英语教学目标的定位不明确,高校英语课程设置单一之外,传统的高校英语教学模式也同样影响着学生学习英语的兴趣和动力,是造成英语学习成效低下的另一个原因。从我国的现实情况看,20世纪90年代以前的高校英语教学模式基本上都是以教师为中心的教学模式。在这种教学模式下,教师是英语知识和技能的传授者,是主动的施教者,并且监控整个英语教学活动的进程;学生作为英语知识和技能的学习者,通常是被动接受外部刺激的对象;教学媒体在教师教学中起到简单的辅助演示工具的作用;英语教材在学生的学习过程中几乎是唯一的主要学习内容,是向学生传输英语知识和技能的主要来源。

不可否认,这种模式的优点是有利于教师主导作用的发挥,便于教师组织和监控整个英语教学活动进程,有利于系统地讲授语法、词汇等语言知识,也在一定程度上能发展学生的听、说、读、写等语言技能。但是,这种教学模式有一个弊端,就是由教师主宰的高校英语课堂教学,容易忽视学生英语学习的主体作用,同时也将语言的学习与社会和文化隔离开来,降低了英语学习的趣味性和实用性,影响了学生学习英语的主动性和能动性的发挥,不利于培养学生实际综合运用语言的能力,也不利于培养具有创新思维和创新能力的人才。

在这种教学模式下,强调学习英语的过程就是要消化、理解老师讲授的学习内容,把学生当作语言知识灌输的对象,机械地培养对语言技能的掌握,忽视了学生是有思想、有感情、需要交流的人,是具有主观能动性、自主性和创造性思维的人。正是因为受这种以教师为中心的教学模式长期潜移默化的影响,造成了学生在学习中消极的状态,作为学习主体的学生其主动性无从发挥,影响了高校英语学习的成效。

三、教学效果不尽人意

我国大部分学生都花费相当多的时间在英语学习上,以至于在一定程度上影响到专业知识和技能的学习,但我国大学生到毕业时整体的英语水平并没有显著的提高。这一问题最突出的表现为虽然不少学生在大学期间通过了大学英语四、六级考试,但其实际运用英语的能力并不高。大学生通过高校英语学习所获的语言知识和语言技能,在毕业后无法满足在实际工作中使用英语进行交流或交际的现实需要。

第二节 高校英语教学转型期间的现状和问题

从1985年第一个《大学英语教学大纲》的制定算起,我国高校英语教学已走过了30多年的历程,并逐步建立和完善了统一的高校英语教学大纲与统一的测试体系。但是,这种规范化也在一定程度上束缚了高校英语教学的发展,与高等教育多样化、个性化时代发展的要求不相符。目前,我国的高校英语教学正在进入一个重要的历史转型时期,即从规范的统一教学向多元化教学发展。转型期的高校英语教学呈现出以下特点与问题。

一、教学目标定位逐渐明确

进入20世纪90年代后,高校英语教学改革陆续在全国范围内展开。随着近年来国际交流日益频繁和社会对大学人才培养要求的变化,2007年,教育部对《大学英语课程教学要求》进行了修订,重新强调高校英语教学作为高等教育的重要组成部分,是大学生必修的基础课程。修订后的《大学英语课程教学要求》明确指出,高校英语教学应以外语教学理论为指导,注重培养学生的英语语言知识与应用技能、跨文化交际能力以及学习策略。同时,它要求采用多种教学模式和教学手段,构建一个综合的教学体系。高校英语教学的目标是培养学生的英语综合应用能力,特别注重听力和口语能力的培养,以使他们能够在未来的学习、工作和社交中有效地运用英语。同时,该教学要求还强调了培养学生的自主学习能力,提高他们的综合文化素养,以适应我国社会发展和国际交流的需求。修订旨在推动高校英语教学朝着更加有效和实用的方向发展,确保学生能够掌握英语的核心能力,并具备跨文化交际的能力,以适应日益全球化和多元化的社会环境。这一修订为高校英语教学提供了指导和框架,促进了英语教育的质量提升和教学方法的创新。可以看出,《大学英语课程教学要求》突出了英语作为交际工具的实用功能,明确了高校英语教学的重点在于培养英语实际交流能力,特别是基于工作需要的专业英语能力的培养。

与此同时,考虑到我国各地区和高校之间存在较大差异,《大学英语课程教学要求》明确指出高校英语教学应遵循分类指导和因材施教的原则,以满足个性化教学的实际需求。基于这一原则,《大学英语课程教学要求》进一步提出了我国高等学校非英语专业本科生的三个层次标准,即一般要求、较高要求和更高要求。一般要求是指高等学校非英语专业本科毕业生应达到的基本要求;而较高要求或更高要求则是根据各个学校的办学定位、类型和人才培养目标而推荐的标准。各高等学校应根据自身的实际情况确定教学目标,并创造条件,使那些英语起点水平较高、学习能力较强的学生能够达到较高要求或更高要求。这意味着学校需要根据学生的不同水平和潜力,提供相应的教学资源和支持,以便他们能够更好地发展英语能力。同时,学校也应确保那些英语起点水平较低或学习能力相对较弱的学生能够达到一般要求,并提供必要的辅导和支持,以确保他们在英语学习方面取得进步。

总而言之,根据课程要求的指导,高校英语教学应根据学校实际情况和学生个体差异,采取灵活的分类指导和因材施教的措施,以确保学生能够达到符合其水平和潜力的英语要求。这种个性化的教学方法有助于提高教学效果和满足学生的学习需求。高校英语教学目标定位日益明确,有利于全国各类高校根据本校具体人才培养目标的需要,实施相应的高校英语教学改革,以培养出新型的外语人才。

二、课程设置日益多样化

在过去相当长的一段时期内,我国传统高校英语教学的改革一直在持续进行,但这些改革基本都是在原有课程体系框架下进行的局部调整和有限的增补工作,主要是改革一些语言技能课程的教学方法和教学内容,增减某些语言技能课程的课时数量,开设个别讲授语言文化内容的英语课程等。这些改革对改善传统高校英语的不利状况起到了积极有效的作用,在一定程度上提高了教学质量,拓展了学生的语言知识和技能。但随着时代的进步和高等教育的发展,上述高校英语教学改革方式和力度,显然已经不能满足新的人才培养目标的需要。因此,在全国范围内普遍出现了各大高校对高校英语教学进行改革的局面,有学者将高校英语教学改革的这一时期称为转型期。

在转型期,很多高校日渐意识到,高校英语课程不仅是一门语言基础课程,也是拓宽知识、了解世界文化的素质教育课程,兼有工具性和人文性,在设计高校英语课程时开始考虑对学生的文化素质培养和国际文化知识的传授。转型期的高校英语教学改革逐渐摆脱了在传统高校英语教学中,英语课程设置单一的局面,陆续开始进行英语课程体系的开发和建设。具体看来,很多高等学校根据实际情况,按照《大学英语课程教学要求》和本校的高校英语教学目标,逐步设计出适合本校需要的高校英语课程体系,将综合英语类、语言技能类、语言应用类、语言文化类、专业英语类等必修课程和选修课程有机结合,使不同层次的学生在英语应用能力方面得到充分训练和提高。与此同时,很多高校在高校英语课程的设计过程中充分考虑听说能力培养的要求,对高校英语教学给予足够的学时和学分,并开始在教学中使用先进的信息技术,积极开发和建设各种基于计算机和网络的课程,为学生提供良好的语言学习环境与条件。上述高校英语教学改革,有力地推进了高等教育领域英语教学成效的提高。[1]

三、教学模式日趋多元化

转型期高校英语教学的改革在教学手段、教学模式和教学内容上均有体现。从教学手段来看,在教学中已广泛使用现代化的网络、计算机和多媒体教育技术;从教学内容和教学模式来看,传统的以教师为中心,单纯传授语言知识和技能的教学模式已经逐步向以学生为中心,注重培养语言运用能力和自主学习能力的教学模式转变。任务型语言教学模

---

[1]钱满秋.现阶段大学英语教学改革研究[M].北京:北京理工大学出版社,2017.

式、主题式语言教学模式、计算机和多媒体辅助的语言教学模式、基于网络的语言教学模式以及以英语作为教学语言的专业英语教学,都陆续进入高等英语教育教学领域,教学模式呈现多元化。但是在转型期的这个阶段,对高校英语教学模式的定义和运用稍显混乱。

概括而言,"教学模式"是指在特定的教育思想、教学理论和学习理论的指导下,教学活动按照一定的稳定结构形式进行的过程,它体现了教学系统的基本要素(包括教师、学生、媒体、教材、评价等)之间的相互联系和相互作用。作为结构框架,教学模式强调了从宏观角度把握教学活动整体以及各要素之间内部关系的功能;作为活动程序,教学模式突出了教学活动的有序性和可操作性。教学模式是对现实教学过程的一种理论性简化形式,通过对教学系统运行过程的分析和运用系统方法进行总结而得出的教学理论简化形式。选择合适而科学的教学模式有助于综合地探讨教学过程中各因素之间的相互作用及其多样化的表现形态,从整体的动态观点把握教学过程的本质和规律。它对于加强教学设计、研究教学过程的优化组合起到推动作用,能够有效地提高教学成效。通过采用恰当的教学模式,教师能够更好地组织和引导学生的学习,促进知识的掌握和理解,并培养学生的创造性思维和解决问题能力。同时,教学模式也为教学评价提供了指导,帮助评估学生的学习成果和教学质量,从而促进教学的持续改进和发展。

多年来,我国高校英语教学改革取得了不小的成绩,但是并没有实质性的重大突破,其原因在于过去的改革主要集中在教学内容、方法和手段的改革上,而忽视了教学模式的改革。虽然教学内容、方法和手段的改革非常重要,但它们并不一定能够触及教育思想、教学理论等深层次的问题。只有通过教学模式的改革,我们才能真正涉及这些问题。

教学模式改革的主要目的是改变以教师为中心的教学方式,建立一种新型的教学模式,既能够发挥教师的主导作用,又能够充分体现学生的主体地位,这被称为"主导—主体相结合"的教学模式。这种模式的引入旨在激发学生的主动性、积极性和创造性,从而实现培养创新人才的目标。通过改革教学模式,我们能够更好地激发学生的学习动力和兴趣,使他们更加积极地参与学习过程。这种模式不仅关注知识的传授,还注重培养学生的批判性思维、问题解决能力和合作精神。同时,它也鼓励学生主动地探索和应用知识,培养他们的创新思维和实践能力。

  由此可见,对于深化我国高校英语教学改革来说,教学模式的改革具有重要的现实意义。为此,应着手研究高校英语教学模式改革所涉及的关键问题和环节,发现在英语教学改革中遇到的实际问题和困难,并在此基础上寻找科学而有效的解决方法和途径,形成新型的、能够培养出时代需要的外语人才的高校英语教学模式。

  在高校英语教学的转型期,许多高等学府已经开始采用现代信息技术,引入基于计算机和网络的英语教学模式,从而改进了传统以教师为主的单一教学模式。这种新兴的教学模式依靠现代信息技术,尤其是网络技术,使得英语的教学和学习在一定程度上摆脱了时间和地点的限制,并朝着个性化和自主学习的方向迈进。在新型的教学模式下,高校英语教学特别注重培养学生自主学习的能力。但是,就转型期高校英语教学的现状看,自主学习的开展似乎出现了盲目的趋势。某些高校在没有对学生自主学习能力进行规范管理的情况下,过度依赖多媒体教室,并大幅缩减了课堂面授的时间,这忽视了学生自主学习能力仍然薄弱的现实情况,导致了教学资源的低效使用,教学效果低下。还有的将自学和自主学习混为一谈,忽视教师的作用,对学生放任自流,要求学生设计自主学习的方式,忽视语言知识的学习,最终无法实现预期的教学目标。针对上述问题,培养学生自主学习能力需要一套科学全面的评价体系,帮助教师客观准确地了解和分析自主学习所需要的环境条件,进而设计和实施有利于培养学生自主学习能力的具体可行的方案,最终实现自主学习能力培养的目标。

四、外语人才培养强调个性化

  一般情况下,同一所高校的大学生有可能来自全国不同的地区,而分布于全国各地的高校在办学条件和英语教学水平方面表现出很大的差异性,学习者的英语水平和各项语言技能的发展呈现出不平衡的、多层次的状况。因此,各所高校在英语教学方面的定位和侧重点也应该因校而异。高校的英语教学应该根据各校的特色办学和分层次办学的理念,培养符合特色或特殊需求的人才。

在转型期,全国各地的不同高校都在致力于对高校英语教学改革进行有意义的实践。在特色教育的大方向下,不同类型和层次的高校努力探索适合社会不同需要的,具有自己特色和优势的高校英语教学模式,培养出既掌握专业又懂得英语的高素质复合型人才。

以复旦大学为代表的一些高校对学术英语的教学进入实施阶段,并在此基础上不断地对学术英语教学的各个环节进行深入细致的研究和探索,并积极地将已取得的经验和成果与全国其他同类院校分享和交流,希望在一定范围内推广学术英语教学,实现优势互补和资源共享。但是同时也应该看到,学术英语教学并不一定适合所有高校的外语人才培养的需要。学术英语教学适合于科研基础和水平较高的综合类高校或研究型高校,目的是培养具有国际视野和国际学术交流能力的研究型人才。将高校英语教学的内容和方向确定为学术英语,并以学术英语为导向实行分科教学,代表了一部分高校和外语教育工作者对高校英语教学的一种观点,很值得在教学中进行试验并在实践中不断加以完善。

第三节 新形势下高校英语教学模式创新走向

随着社会经济的发展和科学技术的进步,人类进入信息社会的发展阶段。信息社会的来临,对教育教学提出了新的人才培养目标和挑战,同时也为教育的发展提供了新的机遇和有利条件。近年来随着计算机、多媒体和互联网教育应用的飞速发展,高等教育的内容和形式发生了重大的变革,高校英语教学的内容和模式也随之发生了很大的改变。为了适应新形势下人才培养的需要,我国高等院校纷纷对高校英语教学进行了新一轮的改革,这一时期的改革呈现出新的趋势和走向。

一、重新确立新型的高校英语教学模式

为了适应国家和社会发展的需求,2010年第四次全国教育工作会议提出了创新人才培养模式和教育教学方法的要求。会议倡导采用启发式、探究式、讨论式和参与式的教学方法,旨在激发学生的好奇心,发挥学生的主动性,并鼓励他们进行创造性思维,以改变传统的教育方式。《大学英语课程教学要求》也明确指出,在高校英语教学中应采用新的教学模式。这种新的教学模式应以现代信息技术,尤其是网络技术为支撑,使得英语教学的时间和地点不再受限制,朝着个性化和自主学习的方向发展,摆脱以教师讲授为主的单一教学模式。新的教学模式应体现英语教学的实用性、知识性和趣味性的结合,能够调动教师和学生的积极性。尤其重要的是,它应凸显学生在教学过程中的主体地位,以及教师在教学过程中的主导作用。在充分利用现代信息技术的同时,我们也需要合理继承传统教学模式的优秀部分,充分发挥传统课堂教学的优势。这样的综合教学模式将促进高校英语教学的发展,适应时代的需求,并为学生提供更富有成效和有趣味性的学习体验。

《大学英语课程教学要求》还进一步指出,改革传统的教学模式,新型教学模式的实施旨在促进学生形成个性化的学习方式,并培养他们的自主学习能力。这一新模式使学生能够选择适合自己需求的学习材料和方法,并获得学习策略的指导,逐步提高他们的自主学习能力。因此,教学模式的改变不仅仅涉及教学方法和手段的变化,更体现了教学理念的转变。它从以教师为中心、单纯传授语言知识和技能的教学思想,转向以学生为中心、注重培养语言实际应用能力和自主学习能力的教学思想和实践。这也是向以培养学生终身学习能力为导向的终身教育的转变。通过实施新型教学模式,我们能够更好地满足学生的个性化需求,培养他们的自主学习能力,并帮助他们适应快速变化的社会和知识发展的需求。这种教学模式的转变对于教育领域的进步至关重要,为学生提供了更广阔的学习空间和发展机会。[1]

随着计算机、多媒体和互联网的普及,高校英语教学可以获得更加丰

---

[1]迟海涛. 高校英语教学模式创新[M]. 长春:吉林教育出版社,2018.

富的教学资源。人们越来越认识到现代信息技术在教育和教学领域的重要性。目前，随着多媒体和互联网技术的快速发展，西方地区越来越流行建构主义的学习理论和教学理论。建构主义学习理论强调以学生为中心，认为学生是信息加工的主体，是知识意义的积极构建者。它主张知识不是被教师灌输的，而是学习者在特定情境下通过协作、讨论、交流和互助等方式，利用必要的信息资源主动构建的。在建构主义学习环境中，"探索式""发现式"和"合作式"成为学生掌握学科内容的基本途径，也是以学生为中心教学模式中的基本教学形式。借助现代信息技术，高校英语教学可以创造出建构主义学习环境，通过学生的探索、发现和合作来促进他们对学科内容的掌握。这种教学模式能够更好地激发学生的学习兴趣和主动性，提高他们的学习效果，并培养他们在信息时代中获取和构建知识的能力。

随着现代信息技术，如计算机、多媒体和互联网的迅猛发展，建构主义学习理论展现出强大的生命力，并在全球范围内不断扩大其影响。建构主义之所以迅速推广，主要是因为现代信息技术，如计算机、多媒体和网络等，为实现建构主义学习环境提供了最理想的条件。建构主义学习理论与教学理论为多媒体和互联网在教学中的广泛应用以及以学生为中心的教学模式的推广，提供了坚实的理论基础。在先进的建构主义教育理论的指导下，可以实现信息技术与课程的整合，将以计算机和网络为核心的信息技术作为创设教学环境和促进学生学习的认知工具，并应用于各学科的教学过程中。这有利于重新构建、融合各种教学资源、要素和环节，提升教学质量，并推动传统教学方法的变革。通过这种方式，教学过程能够更加灵活和富有创造性，促进学生在实践中的主动参与和深度理解，从而提高他们的学习成果和能力。

信息技术与课程整合是我国21世纪基础教育教学改革的一种新方法，与学科教学密切相关并具有独立的特点。它不仅仅将信息技术作为辅助教学或学习的工具，更强调将其作为促进学生自主学习的认知和情感激励工具。通过利用信息技术提供的自主探索、多元互动、合作学习、资源共享等学习环境，激发学生的主动性和积极性，使他们在整合过程中培养创新思维和实践能力,这正是培养创新人才所需的。信息技术与课程整合不仅是改变传统教学模式、实施创新人才培养的有效途径,也是当前国际基础教育改革的趋势和潮流。它将信息技术与学科知识有机结合,通过创造性的教学方式和学习环境,提升学生的学习动力和能力,培养具备创新思维和实践能力的学生。这种整合模式为学生提供了更广阔的学习机会和发展空间,有助于他们适应现代社会的需求并面对未来的挑战。

目前,很多高校在高校英语教学中都非常注重学生自主学习能力的培养,重视高校英语第二课堂的建设。例如,清华大学、对外经贸大学、上海外贸大学等高校都在高校英语课堂教学的基础上,同时要求学生以自主学习的方式在语言实验室或通过自主学习的平台以及网络课程,扩充和强化课堂教学的内容。其中清华大学特别重视英语环境平台建设,针对学生的自主学习专门成立了英语学习网站、英语交流与写作辅导中心、英语学习策略咨询辅导中心、英语夏令营,这些都对培养学生的自主学习能力、拓宽知识面和个性化的学习创造了有利的条件。

二、在学分制下建立高校英语课程体系

传统的高校英语教学目标一直定位在基础英语,长期以来高校英语的课程设置都是基于对语法和词汇等语言基础知识的传授,是对听、说、读、写等语言技能培养而设计的,造成高校英语课程的类型单一。在当前高校英语教学改革的过程中,很多高校不再把高校英语课程单纯地定位为一门语言基础课程,而是把高校英语课程的设置,实施素质教育的通识课程,培养专门人才的专业课程三者有机地结合起来。

需要指出的是,高校英语课程与其他通识课程和专业课程的结合是在学分制下进行的。在学分制状态下,由于实行了选课制,学生可以根据自己的能力、兴趣和需要,比较自由地选择课程,自主制订学习计划,确定一个适合自己的课程体系表。高校英语课程通过与通识课程和专业课程的结合,摆脱了传统高校英语教学中英语课程设置单一的局面,既解决了高校英语的学分和学时不足的矛盾,又充分利用了语言兼有工具性和人文性的本质特点,为学生拓宽知识面、了解世界文化、提高人文素质和专业素养创造了有利条件。

目前,很多高校的英语教学改革都是从确定高校英语教学目标、开发和建设高校英语课程体系入手,并逐步形成了适合本校教学需要的、具有本校特色的高校英语课程体系。通常各高校将综合英语类和语言技能类的课程设置在大学一、二年级的基础阶段。语言应用类、语言文化类和专业英语类课程设置在三、四年级的高级阶段,这类课程通常和通识课程以及专业课程(以英语或英汉双语作为教学语言)的学习结合起来开设。英语课程的学习采取必修课程和选修课程有机结合的形式,使不同层次的学生根据个人的兴趣和需要,在英语应用能力方面得到充分的训练和提高。

三、实行高校英语分级教学和因材施教

2010年,《国家中长期教育改革和发展规划纲要(2010~2020)》(以下简称《纲要》)发布并实施,进一步明确指出要创新人才培养模式,注重因材施教,关注学生的不同特点和个性差异,发展每个学生的优势潜能,并推进分层教学制度改革。这些措施旨在提高教学质量和学生发展,使每个学生都能得到适当的关注和支持,实现个性化教学的目标。

英语教学的过程涉及许多变量的综合作用与影响,有认知因素(包括智力水平、语言学习潜能、学习方法与策略等),心理因素(包括年龄、性别、性格、情感等),社会因素(包括学习动机与态度、学习环境、社会环境、民族认同感等),教育因素(包括课程设置、教师水平、教学方法、班级大小等)。这些变量交织在一起并相互影响、相互作用,使外语教学的过程变得极为复杂,使英语学习者的学习过程和结果呈现出巨大差异。基于上述的各种客观情况,我们在高校英语教学中要特别强调因材施教、因地制宜,不能千篇一律、整齐划一。

基于上述原因,目前很多高校根据因材施教的原则,结合本校外语人才培养的具体目标,在高校英语教学中实行了分级教学。具体而言,学校通常会在新生入学时进行全校范围内的新生英语分级考试,这是实施高校英语分级教学的必要步骤和重要依据。实施分级测试的主要目的是根据学生的测试结果按程度分班,以便于之后的教学进度安排,使不

同英语水平的学生进入不同的英语课程和教学班级进行学习。根据分级考试成绩,五种不同语言水平的学生分别进入外文系开设的不同层次、不同类别的学术英语系列课程(即必修课程)学习以及英文素质提高课程(即选修课程),以培养学生国际学术交流的能力,提升语言相关的人文素质,培养和提高自主学习能力,支撑专业英语学习。实施分级教学,既可以结合学生的语言水平和兴趣及需要进行因材施教,同时也有利于提高教学效率,优化教学环节,实现人才培养的个性化目标。

四、重视高校英语教材体系的研究和开发

教材在实现英语课程教学目标方面扮演着重要的角色,它是关键的教学材料和工具。教材所提供的语言材料对学生来说是学习语言知识和发展语言技能的重要资源,而教材中的语言实践活动和练习则是学习语言知识和发展语言技能的关键过程和方法。在完成教学内容和实现教学目标方面,选择和使用适当的教材是基本前提。高水平、高质量的教材对教师、学生、教学过程和教学成果都产生积极的影响。教师能够依靠教材提供的教学资源和指导,有效地组织和引导学生的学习。学生可以通过教材获得丰富的语言输入和实践机会,促进他们的语言能力和学习成果。教学过程能够借助高质量的教材变得更加系统、有序,并提供多样化的学习体验。最终,教学结果也会因为教材的优质而得到提升,促进学生的综合发展和学习效果。

目前,随着高校英语教学改革的深入和推进,高校英语教材体系也发生了翻天覆地的变化。英语教材在内容和形式上更新颖、更先进,丰富多样的英语教材在推动高校英语课程改革方面发挥了重要作用。与此同时,外语教育领域的学者和从事一线教学的教师对教材的认知也发生了显著的变化。在高校英语改革的过程中,越来越多的学者和教师开始关注和研究教材,对其价值和意义表现出浓厚的兴趣。

高校英语教学改革使得教材格局逐步向开放和自由的方向发展,教师和学校在教材的编写、选择、使用等方面拥有更多的自主权。新的教材制度和格局对广大英语教师和教学研究者来说既是机遇又是挑战。为了把握机遇,应对挑战,各高校应该积极开展有关英语教材的编写、选

择和使用等方面的理论和实践研究,挖掘自身潜力,为将来能够在英语教材的编写、选择、使用的过程中发挥应有的作用而创造条件。

五、注重改革和完善高校英语测试与评价体系

高校英语教学改革在英语教学理念、课程设置、课程教材、教学方法、教学手段等方面深入进行的同时,很多高校认识到对高校英语测试和教学评价方式的改革也势在必行。高校英语测试与评价体系的配套改革问题,对整个高校英语改革的成败有着重要的影响。

从高校英语教学整个过程看,健全和完善的高校英语测试和评价体系应该包括起始性、形成性和终结性评价。但是,传统的高校英语教学通常只关注和普遍接受终结性评价所传递的信息,而这种信息通常远离教学的实际情况,不能全面而客观地反映教学中存在的问题。目前,很多高校已经意识到终结性评价的不完整性,如忽视学生的学习过程以及他们日常的学习行为表现。由于终结性评价方式以考试成绩作为最终评判标准,这不可否认地加强了分数的重要性,导致一部分学生的学习英语动机和目的只是为了升学或者应对考试。这种功利性的学习动机显然无法激发学生对英语学习的积极性和持久性。同时,这种评价体制也严重限制了英语教师在语言教学内容和方式上进行改革和探索的积极性、主动性和创造性。

很多高校由此认识到,除非改变高校英语测试和教学评价的方式,否则就不可能根本改变教学的方法与过程。为了适应高校英语教学改革的需要,不少高校专门成立了测试团队,负责对本校的高校英语测试和评价体系的改革工作。

六、重视高校英语师资队伍的建设

教师是教育教学改革的重要媒介,是改革成败的关键因素。优秀的英语教师是英语学习环境下培养优质英语人才的根本条件。有了好的教师,课程才可以改革,教材才可以更新,教法才可以调整,学生也才能够快速进步。没有合格的教师,先进的教学理念也会在执行中走形,学生的学习兴趣和动力无法保持。教师在教学中的重要作用,是由教学的

本质决定的。

在目前高校英语教学改革的过程中，全国各大高校日益重视对英语师资队伍的建设。在聘任制体制下，各高校更加重视候选人的专业功底，而不仅仅关注教学能力和教学技能。同时，高校也非常重视考查教师的研究能力和团队合作精神，这有利于组建一支高效的教学与科研能力俱佳的师资队伍。在教师管理方面，高校更加重视对教师教学与科研条件的保障工作和目标验收，注重教师培训和学术交流，不断扩大教师的学术视野，了解学科发展前沿。此外，还积极鼓励教师申请研究课题，加入由科研骨干牵头的高水平研究团队，帮助教师进入各自专业的学术研究主流。不少高校都明确规定，每年都支持一定数量的英语教师在国内外进行专业领域的深造，或者定期给英语教师提供学术休假的机会。

七、高校英语教学的个性化和特色化日益凸显

随着中国日渐深入地融入国际社会，参与国际事务进程步伐的加快，国家对既精通专业又擅长外语、具有国际视野、通晓国际规则、能够参与国际事务和竞争的国际化创新型人才的需求越来越迫切。在高校英语教学改革过程中，很多高校在注重保持原来高校英语教学优良传统的同时，也在努力进行大胆的探索与革新，敢于形成新的特色与优势，以适应培养新型的既精通专业又能熟练运用英语的复合型国际人才。很多高校明确提出高校英语教学要朝着个性化和特色化的方向发展，这是和各个高校各不相同的高等教育人才培养目标紧密相关的。目前这些大学对非英语专业学生的高校英语教学仍然采取外语类院校的教学方式，即非英语专业学生修读英语专业学生的绝大部分课程，其毕业生培养目标最接近专业加英语的理想状态，培养出来的人才是既精通专业又熟练掌握英语的复合型人才。

此外，我国不少综合类大学也逐渐形成了具有自身特色的培养模式。这类大学在明确学校人才培养目标的前提下，根据学校特点制订出相应的高校英语培养目标，然后进行一系列相关的配套改革。在这类培养模式中，高校英语教学的课时少于第一种专业加上英语的模式，但基本保证了高校英语教学的"四年不断线"，使学生的英语水平在四年的学习中逐步提高。为了培养出既精通专业又熟练掌握英语的高素质国际化人才,需要合理分析社会的人才需求,制定教育战略规划,改革原来高等教育中不科学、不合理的内容。

高校英语教学改革作为高等教育改革的重要组成部分,是一个复杂的系统工程,其教学目标的设定、课程的设置、教学模式的选择和运用、测试与评价体系的确立、师资教育和培训等不同方面的改革,都必须和各高校宏观的人才培养目标和教育改革结合起来。改革的最终目的是使大学教育服务于社会,向社会输送新型的、高素质的国际化复合型人才。高校英语教学改革不是孤立的教学活动,需要学校各部门、不同专业学科的教学和行政管理部门分工协作、相互配合。

在上述高校英语教学改革的不同环节中,和英语教师日常教学活动有最直接、最密切联系的就是教学模式的改革。教学模式改革对于整个高校英语教学改革而言,起着至关重要的作用。改变教学模式将带来教学过程的根本变革,并且必然会引起教育思想、教学理念和教与学理论的深刻变革。因此,教学模式的改革比起教学手段和教学方法的改革来说具有更为重要的意义,当然也更加具有挑战性。

《大学英语课程教学要求》提出,要改革传统的教学模式,实施新型的教学模式,但并未对"教学模式"这一概念给出确切的定义和描述,这就容易造成广大英语教师不能很好地理解和应用"教学模式"这一概念指导教学,在教学模式的选择和实施过程中可能出现问题。随着高校英语教学改革的进一步深入,应该深化和细化对教学模式的研究,这将有利于更新教学观念,改进教学方式,实现信息技术与课程的整合,完善教学手段,积极探索启发式、探究式、讨论式、参与式教学,充分调动学生学习的积极性,激励学生自主学习,建立具有特色鲜明、灵活多样的高校英语教学模式,推进高校英语教学改革的进程。

第二章 高校英语教学模式改革的理论基础

第一节 基于建构主义的课程设计理念

课程设计是制订课程的过程,包括制订教学计划(学校课程标准)、编写教学大纲(学科课程标准)和教科书。课程设计作为将课程基本理念转化为实际教学活动的"桥梁",其水平的高低是决定教育教学质量好坏的重要因素。因此,一些学者指出,在课程设计中需要处理好人的发展与社会发展的关系、认识与价值的关系、逻辑序列的关系以及传承与革新的关系。在我国进行的三十多年的课程设计研究历程中,虽然取得了一定的成果,但仍然存在一些问题,比如课程设计理论不够成熟、课程设计理念研究与课程改革实践脱节等。这导致在课程设计中无法很好地处理人的发展与社会发展需求的关系、认识与价值的关系等,使得课程设计研究的发展陷入了尴尬的境地。然而,建构主义的知识观、学生观、教学观、情境观等一系列思想为我国新课程改革中的课程设计改革提供了理论基础,并给课程设计实践提供了重要的启示。

一、基于建构主义的课程设计理念的转变

长期以来,在我国传统的课程体制下,课程设计一直是一种自上而下的过程,而不是自下而上的过程。课程设计研究未能充分关注课程实践,没有以解决实际课程问题为导向,而是存在于社会中心和学科中心之间。因此,课程设计理念与实践相脱节,导致课程设计理论无法得到发展和成熟,同时实践问题也无法得到有效解决。

然而,在建构主义的视角下,课程设计的理念建立在知识观、学生观、教学观和情境观的有机结合基础上。这为课程设计理念的转变提供了有力的理论支持。①

(一)由"静态"到"生成"——建构主义知识观

从建构主义的角度来看,知识并不是对认识对象的简单反映,而是具有生成性的,它不是静态和绝对的。所有的认识对象都是客观存在的,它们也会随着环境的变化而不断演变。因此,对认识对象的解释是因时因地而异的,不是固定不变的,也不存在所谓的"定论"。所有的知识都需要经过检验和反驳,对认识对象的解释也是不断动态生成的。在认识对象的过程中,认识者并不是被动和消极地对事物进行简单反映,而是积极主动地进行认知,他们的认识会随着自身知识的扩展而不断深化。认识者不是知识的主体和权威,更不是知识的客体。

这样基于建构主义知识观的课程设计,其设计的对象——知识,不再是静态且绝对的,而是动态变化的。课程设计的目的不在于课程设计中包含或体现多少固定的知识,而在于怎样通过"弹性的""灵活的"设计课程,通过师生共同参与,让学生学会学习,学会创造、发现。基于建构主义知识观的课程设计,其"设计"本身也与"知识"一样,并非绝对的、客观的,而是生成的、弹性的。课程设计最终不是以"成品"的方式呈现出教学中所需的课程标准、教学大纲和教学内容,而是提供给师生一个参照,课程设计的具体内容更会随着教学活动的变化而发生改变。这与课程改革的目标是相符合的——改变课程过于注重传授知识的倾向;改变课程结构过于强调学科本位、科目过多和缺乏整合的现状;改变课程内容过于注重书本知识的现状。

(二)由"目中无人"到"以人为本"——建构主义学生观

建构主义颠覆了传统意义上将学生视为"白板"以及教学中完全的"目中无人"的现象,认为作为教育对象的学生首先是一个"人",具有多种特性的人。一是学生具有主体性。学生是参与教学过程的主体,正如当前课程观背后的哲学理念——"以人为本"所主张的以学生为本,学生的个性是自由的,因而应予以尊重。二是学生具有发展性。学生作为一个独立的个体,其本身在学习的过程中完成其自身的发展,一步步走向

---

①武琳. 大学英语教学模式与课程建设研究[M]. 长春:吉林大学出版社,2016.

成熟与健全,学生永远处在不断发展的过程中,甚至对于任何一个人来说,无论是从心理角度还是从生理上看,都是处在发展变化的过程中。换言之,生命不止,发展不止。学生的这种发展性为教育的开展提供了无限可能,教育应该为学生发展做好准备,为学生的发展创造良好的条件,以便于其挖掘和开发自身的潜能。三是完整性。所谓完整性指的是学生作为一个生命体所具备的整体性,因为人的生命是一个多层次、多方面的综合体。教育的真正功能在于让学生获取知识的同时,完善自身的人格,进而发掘出自身潜在的灵感,在情感上实现层次和完整的体验。另外,个性化也是重要的。每个学生都是一个独特的个体,教师应该理解学生生命的丰富性和主动性,关注学生成长和发展的每一个进步,帮助学生发现自己并肯定自己。每一个教育者都应该意识到每一个学生都是一个独立且特别的个体,具有自身特有的个性,教育过程中要尊重学生的个性特点,充分调动学生的积极性和主动性。这就是教育教学过程中应遵循的基本原则——因材施教。

基于建构主义学生观关于学生特性的认识,课程设计应关照学生作为人所具有的各种特性来进行设计,课程设计中要体现以人为本、以生为本的哲学理念,尊重学生的主体性与完整性,为学生的个性化发展创造良好的环境,这依赖于课程如何科学设计,课程设计应由"自上而下"的方式转变为"自下而上"的方式,从学生的需要出发,从课程实践出发调整课程设计方式。

(三)由"以教为主"到"以学为主"——建构主义教学观

建构主义教学观主张大力推进主体性教学,教学活动的重心由"教"转移至"学",以"学"为主。教师并非教学过程中的唯一主体,教师传授知识的活动也并非教学活动的重心和主导活动,教学过程不是知识单向传递的过程。建构主义强调学生在教学过程中的主体地位,聚焦学生"学"的过程,强调教学过程是学生在教师的帮助下自己主动建构知识的过程,因而需要发挥学生学习的主动性和积极性,引导学生建构自身的知识体系。所谓知识的建构,一方面是指学生以原有知识经验基础去理解当前的新知识,即奥苏伯尔的"同化论";另一方面指学生依据新经验对原有知识做出某种调整和改造，即"顺应"。这个建构过程只能由学生本人主动完成，学生建构知识的过程首先是在教师的指导与引领下，分析知识的合理性和有效性，深入理解知识的内在含义，结合自身已有的知识经验形成自己对知识新的解释和看法，而并非对知识进行浅层次的理解进而机械地记忆。

从这个角度看，建构主义教学观强调教学活动中学生是主体，教学过程中应给予学生尽可能多的独立且有效活动的机会。让学生在主动参与活动的过程中，建构自己的知识体系。基于此，课程设计过程中应充分尊重学生的主体地位，以学生的学为中心，在考虑从人类社会历史经验——科学和生活中选择什么、怎样组织、安排问题时，应将学生的需要、学生的兴趣、个性特点、学生已有水平置于首要位置。如在课程设计中实行三级布局：国家课程、地方课程、校本课程，将三者有机结合，即为了充分尊重不同地区、不同学校学生个体的差异。

（四）由"抽象化"到"情境化"——建构主义情境观

学习总是发生在情境之中，而情境则与镶嵌在其中的知识形成了不可分割的联系。建构主义强调在教学过程中，应将学生从抽象的知识体系中引出，引导学生进入真实的问题情境中，用生动、形象、真实的故事呈现问题与知识，进而开发学生的思维。教学情境生活化、生动化，进而使教学内容由"抽象化"走向"情境化"，由"复杂化"走向"简单化"。建构主义中所谓"情境"必须具有真实性、复杂性、情节性等特点。

基于此，课程设计在制订教科书时，强调再现知识产生的背景和应用情境，营造真实生动的学习环境，进而实现学习效果的最优化。课程设计尊重学习的情境性有两方面的意义：一方面在于通过教科书知识编排的"情境化"，赋予看似复杂、抽象的科学知识以生动鲜活的生命气息，便于学生灵活理解和把握；另一方面，尊重情境性的课程设计必然强调"情境化"教学设计，这一点在"情境教学"模式中得到充分体现。教学理应顺乎学生发展规律，滋润情感的幼芽，点燃智慧的火花，让他们显示各自的聪明才智和潜在的力量，从中获得认识的快乐、成功的快乐。而只有在一定鲜活生动的情境中，教学才能顺应学生发展规律，并能滋润其情感,点燃智慧的火花。这样的教学要求在进行课程设计时应注意所选内容及组织编排内容时"留有余地",以便于教学中灵活地运用情境。

二、建构主义视野下的课程设计实践探索

基于建构主义的知识观、学生观、教学观和情境观,课程设计过程中应坚持直接经验与间接经验相结合的原则,主观性与客观性相结合的原则,稳定性与动态性相结合的原则,课程目标由"具体"转向追求"模糊",与之相应,课程内容也具有"生成性",因而得以扩充。

(一)建构主义视野下课程设计的基本原则

1.直接经验与间接经验相结合

现代课程论倾向于把课程定义为"学生通过学校教育获得旨在促进其身心全面发展的教育性经验"。从建构主义的角度来看,这一关于课程的定义既强调学生的主体性,又强调经验的获得。建构主义知识观认为所谓经验,应该也是不断生成的,包括直接经验和间接经验,即通过学习主体自身的实践、体验,将所学知识内化。完善自身的认知结构,这一过程实际上也是直接经验与间接经验相互综合、相互渗透的过程。在这一过程中,学习主体已有的知识经验及其自身的实践、体验所得经验为直接经验,而学校给学习主体提供的教育环境中包含的知识多为间接经验。建构主义指导设计课程中必须遵循直接经验与间接经验相结合的原则,因为它们都强调对主体经验和主体活动的关注。课程设计过程中应关照学习主体的直接经验,兼顾间接经验的选择、组织、安排,将二者合理联系起来,以便于提高教学效率。

2.主观性与客观性相结合

建构主义者认为,课程以及学习者本身都具有主观性。课程被视为知识的表现形式,建构主义知识观的核心概念是知识是主观存在的,是学习者个体经验的总结,因此课程也具有主观性。建构主义的学生观认为学习者是独立的、有思维能力的活动个体,在课程实施中主动构建自己的知识体系,显然具有主观性。从马克思主义唯物辩证法的角度来看,学习者本身就具有主观能动性,因此课程设计应该尊重课程和学习者的主观性。人类社会的历史经验是已经存在的,具有历史的客观性,

课程设计也受到特定文化环境的影响,而文化环境本身也是客观存在的。课程设计还受到特定社会文化环境的影响,而社会文化条件也是客观存在的。因此,课程设计需要将学生主体的主观性与人类社会历史和客观存在相统一起来。

3.稳定性与动态性相结合

建构主义强调以学生为中心的课程设计方向。从建构主义的学生观出发,我们可以得出以下观点:一方面,学生在特定阶段具有相对稳定的性格特征和智力发展水平;另一方面,课程目标和教育的终极目标是促进学生经验的增长和个体的发展。同时,课程设计也应该能够反映出动态的变化。建构主义知识观强调知识是动态的、生成性的,但一定历史时期的知识也具有相对稳定性。基于此,课程设计既要有明确的对象和内容,制订相对稳定的教学计划(学校课程目标)及教学大纲(学科课程标准),又要尊重学生知识的动态生成性并顺应知识日新月异的时代发展背景,体现课程设计的灵活性。

(二)建构主义视野下的课程目标

课程目标是指一定教育阶段的学校课程,力图促进该阶段学生的身心发展所需要达到的预期程度。课程目标是教育目的的转化,传统课程理论认为课程目标是课程结构的核心部分,一旦目标确定就不再改变,课程实施严格围绕目标进行,并且通常将目标着眼于学生对知识的掌握程度,这是较为狭隘的理解。建构主义情境观应用于课程领域,似乎"模糊"了以往的课程目标。建构主义者认为课程目标是在教学过程中逐渐凸显的,而不是事先预设的。因为目的是不断演进的,而不是事先确定的。目的是指引教育过程的方向性质,而不是特定阶段或任何外部因素的方向性质。它们对教育过程的价值在于它们的挑战性,而不在于它们的最终状态。建构主义者认为,在课程设计的过程中关于课程目标的设定可以是模糊的,或者是宏观的,而不是具体的。建构主义者认为,课程目标在于学生的知识、能力、个性的全面发展,在于培养学生的创新能力。此外,所谓"发展",其本身就是一个"模糊"的标准,是动态生成性的发展状态。

(三)建构主义视野下的课程内容

对课程理解的不同,会导致在课程设计过程中对课程内容选择的不同。建构主义知识观强调课程知识的动态性、生成性,强调教学是学习者的主动性及其经验的建构。因而,在建构主义指导下,课程内容已打破原有的僵化、呆板的状态,也摆脱了"利用过去的教材,教导现在的学生,面对未来的挑战"的尴尬境地。世界在发展,人类在进步,以文化为基础的课程内容也应该不断扩充和更新。

建构主义在扩充课程内容方面的影响具体体现在两方面。一方面,建构主义改变了以往的课程资源观,在新课程改革下课程资源观表现为生活世界处处有课程资源;教材、课程标准是基本而特殊的课程资源;教师、学生是重要的课程资源;教学过程是课程资源生成的过程。另一方面,建构主义影响了课程内容的选择,传统的课程观认为课程内容选择的主动权在课程专家和教师手中。建构主义强调学习者的主体性,学生也有选择课程内容的权利,并且应该是确定课程内容的主体。课程目标在于促进学生知识能力、情感等各方面的发展。课程内容的选择也应依据学生的兴趣、发展方向而定。课程内容选择权的扩大化,必然有助于扩充课程内容。

在新课程改革中,建构主义与课程相结合是必然的。一方面,这是建构主义发展渗透到各个领域的必然趋势;另一方面,也是课程改革中不断探索新途径解决课程发展中存在的问题的必然要求。课程设计是新课程改革的一个重要方面,建构主义知识观、学生观、教学观、情境观等思想主张渗透到课程领域,不仅为课程设计理念的转变提供了有力的理论支撑和依据,而且为课程设计实践提供了工具性的方法指导。

第二节 高校英语教学模式的创新理念

自我国颁布实施《大学英语课程教学要求》以来,高校英语教学取得了显著的进步和发展。然而,根据目前的实际情况来看,教学模式改革仍然面临一些未解决的老问题。为了提高我国高校英语教学的质量和成效,我们必须进一步加大对教学模式的改革和创新力度。

一、我国高校英语教学模式改革创新的背景

长期以来,我国高校英语教学普遍采用较为单一的模式,一般遵循着"复习旧课—引入新课—学习新课—作业布置"这样一套固定的教学程序。大部分教师采用大班教学,以"教师讲学生听"为主要方式,并且教学效果主要以期末考试成绩或四、六级考试成绩来评价。许多学生在多年的英语学习中,实际应用能力与社会对英语能力的要求存在较大差距。这种尴尬局面的出现,部分原因是高校英语教育对教学活动本质的认识存在偏差。教学活动不仅仅是简单的"教师教、学生学"过程,它涉及教师、学生、教材、教法、教学理念、教学手段和评价方式等多种影响因素的复杂过程。因此,要提高教学效果,就需要结合我国英语教学的实际情况,认真分析影响教学效果的多种因素,改革教学模式,推动我国高校英语教学的不断发展。近年来,教育部在推行《大学英语课程教学要求》等方面采取了一系列举措,充分考虑到教学模式的重要性并进行改革,以期取得更好的效果。[①]

二、我国高校英语教学模式改革的主要支撑理论

(一)认知主义

按照学习理论的分类,教学理论可以划分为联结说理论和格式塔理论。联结说理论在20世纪60年代发展成为行为主义,而格式塔理论则演变为认知主义。认知主义关注知识的本质、知识的获取方式以及如何将知识应用于创造性活动等方面。行为主义认为学习是被外部环境刺激驱动的被动过程,类似于条件反射,通过不断练习和强化形成习惯。而认知学派认为学习是学习者内部心理结构的形成和重组过程,包括信息输入和输出的加工。在获取新知识的过程中,学习者已有的知识和经验起着重要作用。外部信息的输入刺激会激活学习者长期记忆中的信息,而被激活的认知结构为学习者消化吸收新信息提供了必要的机制。

[①]马琴.大学英语个性化教学研究[D].重庆:西南大学,2017.

因此,认知主义认为学习者获得知识不是依靠教师的灌输,也不是被动接受,而是作为学习活动的主动参与者去探索和发现。从认知理论的角度来看,语言学习是一种复杂的知识技能的习得过程,学习者可以利用元认知来了解整个学习过程,并根据此制订学习计划、自我监控学习过程以及进行学习效果的自我评价等。

(二)建构主义

学界通常认为建构主义是认知主义的延伸,它并非完全与认知主义截然不同,两者之间存在一些区别,其中建构主义更加强调知识构建过程中的主观性。建构主义者认为,在特定的社会文化背景下,通过借助他人的帮助和利用学习材料,通过意义的构建来获得语言知识。因此,学习语言并不是教师单向传授知识给学生,也不仅仅是简单的信息堆积,而是学习者主动构建自己知识的过程。在这个构建过程中,教师充当着协助者和推动者的角色,学生成为学习的中心,是积极参与者。同时,建构主义者还强调知识构建的情境,学习者可以通过互动和合作来进行学习。在习得语言知识的过程中,学习者依靠个人经验和他人的合作,教师在这一过程中设计适合的学习情境,激发学生学习的动机,并帮助学生构建所学新知识的意义。

(三)人本主义

人本主义是在20世纪50年代兴起的一种重要学术流派。该流派不同意行为主义者将人视为动物或机器,并忽视了人的自我发展的观点;同时也不同意认知主义者过分关注认知结构,而忽视了人的价值观、态度和情感等对学习的影响。人本主义认为在学习过程中,学习者是主体,强调学习者的潜能和学习过程。它以全新的角度研究学习,注重学习者的自我实现。根据人本主义的观点,语言教学并非教育的全部,因为学生是有思想、情感和各种需求的真实人类个体。教育的目标是帮助学生学会学习,赋予学习经验以个体意义,并促进学习者的成长。因此,教师不能简单地将学生视为教育对象,而应将其看作学习的主体,作为整个教学活动的平等参与者。学习不再仅仅涉及认知因素,而是要使学生实现自身潜能和全面、充分的发展。教师在这个过程中不仅是学生学习的促进者和助手,还应成为学生人格成长的推动者和支持者。

三、我国高校英语教学模式的改革方向

(一)改变教学理念

我国高校英语教学有着悠久的历史,并逐渐引入了许多教学理论和方法,但由于高校学生数量众多且英语教育资源有限,很多教学理念和方法没有与实际情况很好结合,很多想法也仅停留在口头上。为了提高高校英语教学的效果,我们需要从现代先进的教学理念出发,结合我国的实际情况。

1.改变以教师为主体的教学思想

长期以来,传统的英语教学模式主要依赖教师,采用"填鸭式"的教学方法,这导致了时间浪费和效率低下。这种教学方式忽视了学生的参与和学生作为学习主体的客观规律,限制了学生能力的发展。与现今广泛接受的教育理念背道而驰,也与我国高校深化课堂教育改革的主题不符。因此,在教学过程中,学生应成为学习的中心,我们应努力培养他们的自主学习能力。

2.改变以传授语言基础为主的教学方式

英语词汇、语法等基础知识是必要的积累,但听、说、读、写、译等应用能力是在此基础上提高的。拥有基础知识并不意味着具备应用能力。学习外语的目的是在实践中运用它们。因此,我们需要改变以传授语言基础为主的教学方式,注重打好基础的同时,重视语言的应用能力,以满足社会对人才的需求。

3.改变"授人以鱼"的教学现状

在传统的高校英语教学中,普遍存在着过于重视知识而轻视能力的现象。包括语言在内的知识都在随着时代进步而不断更新,终身学习的理念已得到国际教育界的广泛认同。只有改变英语教学中过度注重知识传授而忽视语言学习方法的情况,让学生学会学习语言,才有助于他们未来的持续学习和发展。学生只有掌握学习方法,才能在没有教师的情况下进行自主学习并不断提高自己。

(二)创新课堂模式

1.采用自主式教学

为了帮助学生更好地学习英语,打下学习的基础,并为他们今后的学习奠定良好的基础,我们应该鼓励学生进行自主、自觉和独立的学习。为了实现这种自主式教学,需要改变目前将英语学习作为学生毕业的硬性指标的现状。这种现状导致许多学生只是为了毕业而学习英语,一旦通过考试,就完全放弃了学习。为了实现自主式的教学形式,我们可以根据学生的实际情况采用分级教学,并在课堂设计时充分考虑不同层次学生的需求,避免采用一刀切的方法。

2.充分利用网络教学

网络教学的优势在于不仅可以充分利用文字、图像资源,还能有机地结合声音、动画等元素,从而极大地提高了英语学习的趣味性,激发学生学习英语的兴趣,并增强他们的主动性。网络教学可以通过多种方式实现,包括网络即时交流、网络资源检索、网络学习评估以及休闲娱乐等。在这种学习过程中,教师需要加强对学生的引导、监督和反馈,以确保学生能够获得良好的学习效果。

3.革新传统教学

传统的课堂教学经过长期的发展积累了很多有价值的经验,因此不能仅仅因为创新而完全抛弃它。相反,我们应该在采用各种新型课堂形式的同时,对传统教学进行改革,保留其中的精华而摒弃不足之处。这样可以为学生创造一个和谐宽松的学习环境,同时不断提升教师的教学技能,更新教学理念,采取多种措施,以提高高校英语教学的效果。

(三)改革评价方式

长期以来,我国高校英语教学过于依赖考试作为评价的主要手段,这种评价方式相对单一,不利于形成全面多样化的评价体系,也导致一些学生和教师过分重视考试结果,忽略了语言能力的提高,同时阻碍了高校英语教学模式的改革。《大学英语课程教学要求》提供了政策上的指导,倡导高校英语教学评价从传统的终结性评价转变为形成性评价与综合性评价相结合,教师评价与学生评价相结合的模式。根据学习的本质,高校英语教学的评估应更加强调对学习过程的评价,而非过分关注考试成绩。同时,新的要求更加注重学生的听说能力和语言的综合应用能力。这将评价方式从传统单一的总结性评价方式转变为综合的评价体系。过去的评价方式主要注重结果,而新的评价方式贯穿整个教学过程,评价可以在平时教学中持续进行。这种综合和及时的评价能够使教师和学生快速获得反馈,教师可以根据反馈及时调整和改进教学中的不足,学生也能更快地了解自己在语言能力上的实际情况。新的评价方式还强调"考试应以评价学生的英语综合应用能力为主,不仅要对学生的读写译能力进行考核,而且要加强对学生听说能力的考核"。这种评价不仅涉及学生的考核,还包括对教师在教学态度、教学手段、教学方法、教学内容、教学组织、教学效果等方面的考核。学校应采用这样的评价体系,不再仅仅以期末考试或四、六级考试等成绩来评价英语教学效果,而是更加注重提升教师的教学能力和学生的英语语言能力以及个人发展。

第三节 高校英语教学系统的设计理念

一、传播理论与教学设计

(一)传播过程到教学传播过程要素的演绎

哈罗德·拉斯韦尔是一位著名的美国政治学家,他提出了5W公式,用以描述具有代表性的大众传播过程中的五个基本要素和线性传播模式。(如表2-1、图2-1所示)。

表2-1 大众传播过程的五个基本要素

Who	谁	教师或其他教学信息源
Say what	说什么	教学内容
In which channel	通过什么渠道	教学媒体
To whom	对谁	教学对象
With what effect	产生什么效果	教学效果

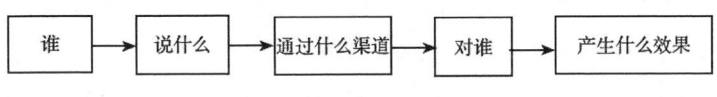

图2-1 直线传播模式

1958年,学者布雷多克在此基础上发展了"7W"模型的教学传播过程(实际上增加了两个要素):Why 为什么(教学目的);Where 在什么情况下(教学环境)。之后这些要素就成为研究教学过程、解决教学问题的教学设计所关心和考虑的重要因素。

(二)传播理论揭示教学过程要素之间的相互联系

1960年,学者贝罗在拉斯韦尔研究的基础上,提出了SMCR的传播过程模式,如图2-2所示,进一步解释出教学信息传播过程的复杂性。

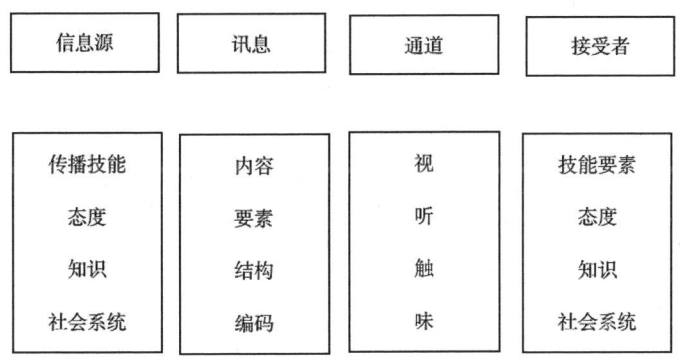

图2-2 SMCR模型

拉斯韦尔指出,传播的最终效果不仅取决于传播过程中的某一部分,而是由信息源、信息、通道和受者这四个组成部分及它们之间的综合关系决定的。每个传播过程的组成成分受其自身因素的制约。因此,从信息源到信息接收者的传播过程中,至少有五个因素影响着信息传递的效果。

1. 传播技能:传播者的表达和写作技巧,以及受众的听力和阅读技能都会影响传播效果。

2. 态度:传播者和受众本身的态度,对传播信息内容的态度,以及彼此之间的态度等。

3. 知识水平：传播者对所传播内容的掌握程度，对传播方法和效果的了解程度，以及受众自身的知识水平等。

4. 社会文化和背景：不同社会阶层和文化背景会影响传播方法的选择，以及对传播内容的认知和理解。

5. 信息传递通道：不同的传播媒体与所传递信息的匹配程度不同，会对感官产生不同的刺激，从而影响传播效果。

此外，信息本身也受到信息内容、信息要素以及信息处理、结构安排、编码方式等多种因素的制约。

（三）传播理论指出了教学过程的双向性

1954年，学者奥斯古德和施拉姆提出了模型，如图2-3所示，核心是在传播过程中建立反馈系统。

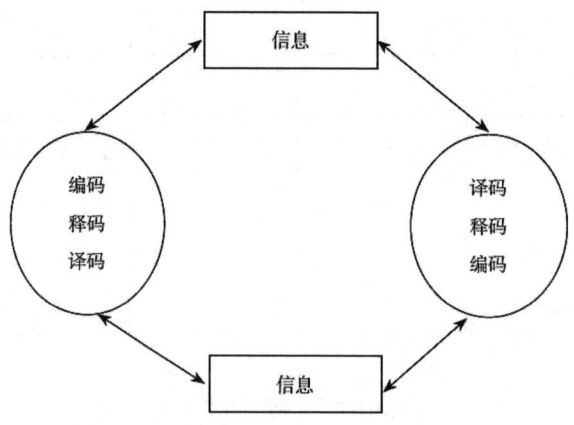

图2-3 奥斯古德—施拉姆模型

教学信息通过教师和学生之间的传播行为来传递。因此，在教学设计中，必须重视对教学和学习两个方面的分析和安排，并充分利用反馈信息。通过反馈环节，可以随时进行调整和控制，以实现预期的学习效果。

（四）传播过程与教学设计过程要素的比较

在相应领域，如传播内容分析、受众分析、媒体分析、效果分析等研究成果在不同程度上为教学设计中的学习内容分析、学习者分析、教学媒体的选择及教学评价等环节所吸收，如表2-2所示。

表2-2 传播过程要素与教学设计过程要素

序号	传播过程要素	教学设计过程要素
1	为了什么（目的）	学习需要分析 教学目标的分析
2	传递什么（内容）	学习内容分析
3	有谁传递	教师、教学资源的可行性分析
4	向谁传递	学习者分析
5	如何传递	教学策略选择、教学媒体选择
6	在哪里传递	教学环境分析
7	传递效果如何	教学评价

二、学习理论与教学设计

学习理论是一种心理学理论，旨在探究人类学习的本质和机制。教学设计则是为学习者创造学习环境的过程，它根据学习者的需求设计不同的教学计划，旨在充分发挥人类的潜力，促进进一步的学习发展。因此，教学设计需要广泛了解学习，并以学习理论作为其理论基础。

（一）学习理论

学习理论主要有行为主义学习理论、认知主义学习理论、建构主义学习理论、人本主义学习理论。

1.行为主义学习理论

行为主义学习理论起源于20世纪初，在对结构主义心理学的反对基础上不断发展。该理论的代表人物包括生理学家巴甫洛夫，以及心理学家桑代克、斯金纳、班杜拉等。行为主义学习理论可以用公式S－R来描述，其中S代表来自外界的刺激，R代表个体对刺激做出的行为反应。行为主义学者认为，在不断接受特定外界刺激的过程中，个体可能形成适应该刺激的行为表现，他们将这一过程称为S－R联结的学习行为，即学习是建立刺激与反应之间联系的过程。行为主义学习理论注重研究与有机体生存相关的行为，关注有机体在环境中的适应行为，并强调环境的作用。

(1)巴甫洛夫的经典条件反射

巴甫洛夫是经典条件反射理论的奠基人。在研究狗的消化生理现象时,巴甫洛夫进行了一项实验。他首先给狗听铃声,狗没有做出任何反应。然后,在每次给狗听铃声后立即呈现食物,并经过多次反复的铃声和食物的结合后,狗在仅仅听到铃声而没有食物的情况下也开始分泌唾液,这被称为条件性反应。通过铃声和无条件刺激(食物)的多次结合,铃声作为一个中性刺激逐渐转变为条件性刺激,引发了条件性反应。巴甫洛夫将这一现象称为经典条件反射。狗形成条件反射的机制如表2-3所示。

表2-3 经典条件反射形成的三个阶段

经典条件反射形成前 (阶段1)	无条件刺激→无条件反应 中性刺激无反应(肉)(唾液分泌)(铃声)
形成中 (阶段2)	中性刺激(铃声) 无条件刺激→无条件反应 (肉)(唾液分泌)
形成后 (阶段3)	条件刺激→条件反应 (铃声)(唾液分泌)

经典性条件作用的主要规律有以下几个方面。

第一,保持与消退。巴甫洛夫发现,一旦动物建立了条件反射,继续让铃声和无条件刺激(食物)同时出现,动物的条件反射行为(唾液分泌)将持续存在。然而,如果多次出现条件刺激(铃声)而没有相应的食物,动物的唾液分泌量会随着实验次数增加而逐渐减少,这就是反应的消退。在教学中,有时及时表扬会暂时促使学生形成良好的行为,但如果一段时间过去了,当学生在日常生活中表现出良好的行为习惯而没有再得到表扬时,这种行为很可能会逐渐减少。

第二,分化与泛化。在一定的条件反射形成之后,有机体对与条件刺激相似的其他刺激也会做出一定的反应,这被称为泛化现象。如果只强化条件刺激,而不强化与其相似的其他刺激,就可能导致条件作用的分化。

第三,高级条件作用。在条件作用形成之后,条件刺激可以像无条件刺激一样引发有机体的反应。这种通过一个已经被条件化的刺激来使另一个中性刺激条件化的过程被称为高级条件作用。也就是在一级条件作用的基础上建立二级条件作用,在二级条件作用的基础上建立三级条件作用。

第四,两个信号系统理论。能够引起条件反应的物理条件刺激被称为第一信号系统的刺激,而能够引起条件反应并以语言符号为媒介的条件刺激被称为第二信号系统的刺激。

(2)东南大学教授华生对经典条件作用的发展

华生教授的刺激-反应学说认为,行为是指有机体所说和所做的可直接观察到的表现;刺激是指外部环境中的各种事物以及对组织产生的各种变化;反应是指有机体做出的各种动作。华生教授认为,构成行为的基本单位是刺激-反应(S-R)关系,而这种关系是直接的,没有心理或意识的中介作用。

(3)桑代克的联结学说

美国实证主义心理学家桑代克以科学实验的方式研究学习规律,并提出了著名的联结学说。他的实验对象是一只自由活动的饥饿猫。他将猫放入笼子中,然后在笼子外放置可见的鱼、肉等食物。笼子内有一个特殊装置,只要猫踩下踏板,就能打开笼门,让猫出去进食。刚开始时,猫在笼子里蹦蹦跳跳,无意中触动了机关,自然地逃出来获得食物。桑代克记录下猫逃出笼子所需的时间,并重复进行多次实验。他仔细记录了每次猫从笼子中逃出所需的时间,发现随着实验次数增加,猫逃出笼子所需的时间不断减少。最后,猫几乎一进入笼子就会去触发机关,即学会了开启笼门的动作。

通过这个实验,桑代克认为学习是人和动物通过不断尝试形成刺激-反应的联结,从而逐渐减少错误的过程。他将这一观点称为试误说。试误说的核心观点包括:学习的实质在于形成一定的联结;这种联结是通过试错的过程自动形成的,不需要概念作为中介;学习是一个试错的过程,主要受到练习法则、效果法则和准备法则的支配;动物的学习是盲目的,而人的学习是有意识的。

根据桑代克的实验研究,他得出了三条主要的学习定律,具体如下:

第一是准备律。在进行学习活动之前,如果学习者做好与该学习活动相关的预备性反应(包括生理和心理层面),学习者就能更加顺利地掌握学习内容。

第二是练习律。对于学习者已经形成的某种联结,通过正确重复这种反应,可以有效地加强这种联结。因此,作为教师,注重必要的练习重复是非常重要的。此外,桑代克也非常重视练习中的反馈。他认为简单机械的重复不会促进学习的进步,而向学习者提供练习的正确或错误信息有助于学习者在学习过程中不断纠正自己的学习内容。

第三是效果律。学习者在学习过程中得到的正面或负面反馈会加强或削弱他们在脑中已经形成的某种联结。效果律是最重要的学习定律。桑代克认为,学习者在学习某种知识后,在特定的结果和反应之间建立了联结。如果学习者遇到令其心情愉悦的刺激或事件,这种联结就会增强;反之,会减弱。他指出,教师尽力使学生获得令其满意的学习结果是非常重要的。

(4)斯金纳的操作条件反射学说

在桑代克之后,另一位著名的美国行为主义心理学家斯金纳进一步发展了桑代克的刺激-反应学说,并提出了著名的操作条件反射学说。斯金纳选择了白鼠作为实验对象,与桑代克的研究方法相似,他设计了一个学习装置——斯金纳箱。箱子内部有一个操纵杆,当饥饿的白鼠按下操纵杆时,它就能够得到一颗食丸。

一开始,白鼠无意中按下操纵杆并获得了食丸,但经过几次尝试后,白鼠"发现"了按动操纵杆与获得食丸之间的关联。因此,白鼠会不断地按动操纵杆,直到吃饱为止。斯金纳将白鼠的这种行为称为操作性条件反射或工具性条件反射。与桑代克相比,斯金纳的主要区别在于,桑代克研究了学习的刺激-反应联结,而斯金纳在桑代克的基础上进一步探讨了白鼠不断按动操纵杆的原因——每次按动操纵杆都能获得食丸。在这个实验中,白鼠学会了通过按压操纵杆获取食物,将强化(食物)与操作性反应联系起来,形成了操作性条件反射。

操作性条件作用的主要规律有以下几个方面。

第一,强化是指能够增强行为频率的结果。行为发生变化是由于强化的作用。强化的作用在于改变将来同类行为发生的频率。强化可以分为正强化和负强化。正强化通过呈现令人愉快的刺激来增强行为频率。负强化通过消除或中止令人厌恶或不愉快的刺激来增强行为频率。任何能够增强行为频率的刺激或事件都被称为强化物。

第二,惩罚与消退和维持。当有机体做出某种行为后,出现令人厌恶或不愉快的刺激以消除或抑制该行为的过程被称为惩罚。惩罚与负强化不同,负强化是通过消除厌恶刺激来增加将来行为发生的频率,而惩罚是通过呈现厌恶刺激来降低将来行为发生的频率。当有机体做出之前曾被强化过的行为,但在该行为后不再有强化物的伴随时,该行为在将来发生的概率将减少,这种现象称为消退。

第三,维持是指行为的持续。一旦形成操作性条件作用,为了保持所获得的行为,应逐渐减少强化的频率,或使强化变得不可预测。

第四,逃避条件作用和回避条件作用。当出现令人厌恶或不愉快的刺激或情境时,有机体做出某种行为以逃避该刺激或情境,这将增加该行为在将来类似情境中发生的概率,称为逃避条件作用。然而,当预示令人厌恶或不愉快的刺激或情境即将出现的信号呈现时,有机体自发地做出某种行为以避免该刺激或情境的出现,这也会增加该行为在将来类似情境中发生的概率,称为回避条件作用。"防患于未然"就是回避条件作用的一个例子。

2.认知学习理论

在20世纪60年代之后,认知心理学的兴起使得学习理论开始关注学习者内部处理环境刺激的过程和机制。它引入了S-O-R(O代表学习的大脑加工过程)模式,以取代简单的没有大脑参与的S-R联结。这种模式强调学习是有机体在大脑中对人类经验重新组织的过程。它主张我们不能仅仅观察有机体对刺激的简单反应方式,而应该重视学习者自身的构建和知识的重组。此外,它认为不同类型的学习具有不同的构建模式。因此,在教学中应该注重促使学习者进行有意义的学习,并有效地运用同化和顺应的方法来帮助他们建立知识结构。认知学派的主要代表人物有美国教育心理学家布鲁纳、美国认知教育心理学家奥苏贝尔、美国教育心理学家加涅、著名心理学家皮亚杰等。

(1)布鲁纳的认知结构学习理论

布鲁纳的主要教育心理学理论在他于1960年出版的《教育过程》一书中得到了集中体现。一本美国杂志对布鲁纳在教育心理学领域的杰出成就进行了评价,称他可能是自杜威以来第一个能够深入探讨智育的学者和教育家。这足以展现布鲁纳在学术界的崇高声望。

认知结构学习理论重视学科基本结构的掌握。布鲁纳强调"无论我们教授何种学科,都必须使学生理解该学科的基本结构"。所谓"基本结构"指的是在广泛而有力的适用性之下,包括学科基本概念、原理以及基本态度和方法。

在掌握学科基本结构的教学原则中,包括以下几点。首先是动机原则。几乎所有学生都具有内在的学习愿望,他们渴望求知、渴望成功,并且需要与他人和睦相处,这些内在动机是学习的基本动力。其次是结构原则。任何知识结构都可以通过动作、图像、符号等多种表现形式来呈现。教师应根据学生的年龄、知识背景和学科性质选择最合适的表现方式。再次是程序原则。通常每门学科都有不同的学习过程,教师应根据学生过去的学习经验、智力发展的阶段、教材的性质以及个体差异等因素来选择适合学习者的具体程序。最后是强化原则。反馈和强化在学习成功中起着重要作用。

认知结构学习理论主张学生进行发现性学习。发现性学习指的是学习者根据自身独特的认知过程,以个人方式获取知识的一切途径。教学的目标是促进学生智力和认知的成长,教育工作者的任务是将知识转化为适应学生正在发展的形式,以呈现系统化的发展序列,作为教学设计的模式。因此,在教学中教师应采用发现性学习的方法。

使用发现性学习方法应遵循四个步骤:首先是创设问题情境,引发学生对感兴趣的问题的思考;其次是激发学生的探索欲望,提供解决问题的各种假设;第三是通过理论或实践验证自己的假设;最后是引导学生运用分析思维验证结论,最终解决问题。

布鲁纳强调重视学生的发现性学习,原因是通过比较研究发现学习和接受学习,他指出发现性学习具有以下几个明显的优点:首先,有助于激发学生的好奇心和对未知事物的探索兴趣;其次,有助于调动学生的内在动机和积极性;最后,有助于培养学生的批判性和创造性思维。当然,发现性学习也存在一些限制,具体表现为:首先,只有极少数高水平的学生能够真正通过发现性学习,对于学习较慢的学生来说,发现性学习较为困难;其次,对发现性学习的定义缺乏科学性和严谨性;最后,发现性学习需要较长时间,很难保证学习水平的稳定性。

(2)奥苏贝尔的认知同化理论

奥苏贝尔是一位美国认知心理学家,他对教育心理学做出了杰出的贡献,主要体现在他对有意义学习理论的阐述上。他在批判行为主义简单地将动物心理等同于人类心理的基础上,创造性地吸收了同时代心理学家皮亚杰、布鲁纳等提出的著名有意义学习和先行组织者等理论,并将学习论与教学论有机地统一起来。

奥苏贝尔学习理论的核心是有意义学习。他指出:"有意义学习的实质在于将符号所代表的新知识与学习者已有的认知结构建立起非人为的、实质性的联系。"在他看来,学习者的学习如果要有价值,应该尽可能地具有意义。奥苏贝尔将学习分为接受学习和发现学习、机械学习和有意义学习,并明确了每种学习的含义及其相互关系。为了有效区分这四种学习,奥苏贝尔提出了有意义学习的两个标准:第一,学习者新学习的符号或概念与其原有的知识结构中的表征、有意义的符号、概念或命题等建立联系;第二,新知识与原有认知结构之间的连接是基于非人为的、合乎逻辑的基础的。

在提出有意义学习标准的基础上,奥苏贝尔进一步指出了有意义学习的两个条件:一是内在条件,学习者表现出积极地将新学习的知识与其已有的认知结构联系起来的态度倾向;二是外在条件,所要学习的材料本身要符合逻辑规律,能够与学习者的认知结构和认知特点相吻合,并处于学习者的认知范围之内。

奥苏贝尔对人类存在的两种主要有意义学习类型提出了以下描述。首先是表征学习,主要指词汇学习,即学习单个符号或一组符号所代表的意义。其次是概念学习,主要指学习者掌握同类事物的共同关键特征。还有命题学习,这种学习必须基于概念学习,即学习若干概念之间的关系或者掌握两个或两个以上特殊事物之间的关系。这是最高级别的学习类型。学习若干概念之间的关系被称为概括性命题学习。

其次,奥苏贝尔的学习理论基于知识的同化。他认为学习者学习新知识的过程实际上是新旧材料相互作用的过程,学习者必须积极寻找自身原有知识结构中能够同化新知识的接合点。这里的同化主要指学习者将新知识纳入已有的认知结构中,从而引起量变的过程。奥苏贝尔指出,学习者能否获得新知识主要取决于其个体认知结构中是否已经存在相关概念(即是否具备同化点)。教师在教授新知识之前必须了解学生已经掌握了哪些知识,并根据这些知识展开教学活动。

奥苏贝尔根据新旧知识的概括水平和它们之间的不同关系,提出了三种同化方式的描述。

首先,下位学习(也称为类属学习),主要指学习者将概括程度较低的概念或命题纳入其已有概括程度较高的概念或命题中,以掌握与新学习相关的概念或命题。

其次,上位学习(也称为总括关系),指在学习者已经掌握几个概念或命题的基础上,进一步学习一个概括程度更高的概念或命题。例如,学习者在熟悉了"感知""记忆""思维"等下位概念之后,再学习一个概括程度更高的概念"心理过程",这个高层次概念主要通过归纳原有下位概念的属性来获得意义。

最后,并列结合学习。当新学习的概念和命题既不能与原有知识结构中的概念或命题形成下位关系,也不能形成上位关系,而是处于并列关系时,学习者只能采用并列结合学习的方式。

基于有意义学习和同化理论,奥苏贝尔提出了学习的原则与策略,具体描述如下。

关于学习,他提出了三条原则。首先是逐渐分化原则,适用于下位学习。奥苏贝尔认为学习者在接触新知识时,通过演绎法从已知的较一般的整体中分辨出细节比从已知的具体细节中归纳整体更容易。因此,在教学过程中,教师应首先传授最一般、最具概括性和最广泛涵盖的概念或原理,然后逐渐根据具体细节进行分化。

其次是综合贯通原则,适用于上位学习和并列结合学习。奥苏贝尔提倡,在通过演绎法逐步分化新知识的同时,还要注意知识之间的水平联系。教师应及时指出新旧知识之间的差异和联系,防止因表面差异而导致知识之间的人为割裂,促进新旧知识的协调和整合。

最后是序列巩固原则,针对并列结合学习。该原则指出对于非上位或非下位关系的新旧知识,可以进行序列化或程序化处理,使教材内容从浅入深、由易到难。同时,奥苏贝尔还指出,在学习这类知识时,教师应要求学习者及时采取纠正、反馈等方法进行复习和回顾,以确保巩固认知结构中原有观念的稳定性以及对新知识的牢固掌握。

为了有效地贯彻这三条原则,奥苏贝尔提出了一种具体的学习策略,即先行组织者策略。先行组织者是指在引入新的学习任务之前,教师事先向学生介绍一些与新知识相关的、具有概括性和综合性的引导材料,帮助学生建立学习新知识的同化点,有效促进学习者的下位学习。根据新知识的性质,奥苏贝尔提出了两种不同类型的先行组织者。

对于完全陌生的新知识,他主张使用说明性组织者(或陈述性组织者)。这种组织者利用更抽象和概括的概念,为后续学习提供一个可供利用的固定观念。

对于不完全陌生的新知识,他主张使用比较性组织者。这种组织者帮助学生区分新旧知识之间的共同点和不同点,为学生获取准确知识打下基础。通过比较已有知识与新知识之间的关联,学生能够更好地理解新知识,并将其整合到已有知识体系中。

(3)加涅的信息加工理论

基于对学习活动的深入分析,加涅将与学习过程相关的教学划分为以下八个阶段。

①动机阶段:在这个阶段,教师使用引起学生兴趣的方法,激发学生的学习动机,确保有效的学习行为发生。

②了解阶段:教学措施在这一阶段旨在引起学生的注意,并提供选择性的知觉。主要目的是让学习者将注意力集中在与他们学习目标相关的刺激上。

③获得阶段:在这个阶段,教学任务是支持学生将所理解的信息转化为短时记忆系统中的存储,即对信息进行必要的编码和储存。教师可以提示编码过程,帮助学习者采用更好的编码策略来学习知识,以促进信息的获取。

④保持阶段:这个阶段的主要目标是帮助学习者有效地将获得阶段中获取的信息存放到长时记忆的存储器中。关于存储信息的内部过程如何受教学方式影响,尚未完全研究清楚。然而,加涅认为,通过适当安排条件(例如同时呈现不同的刺激而不是相似的刺激),可以间接地影响信息的保持,减少相互干扰。

⑤回忆阶段:这是信息检索的阶段。为了以作业形式表现所学的知识,线索是必不可少的。因此,加涅提倡教学可以提供线索来引起记忆恢复,或者采取控制记忆恢复过程的形式,以确保学生能够找到适当的恢复策略并应用它们。此外,他认为教学还可以采用包括"有间隔地复习"等方式,为信息的恢复提供机会。

⑥概括阶段:在这个阶段,教师提供情境,让学生能够以新颖的方式迁移已学的知识和技能,并提供线索,以应用于之前未遇到的情境。

⑦作业阶段:在这个阶段,教学主要提供应用知识的机会,使学生展示学习成果,并为下一个阶段的反馈做好准备。

⑧反馈阶段:在这个阶段,学生关注的是他们的作业是否接近或达到预期标准。如果学生能够获得与预期一致的反馈信息,将对强化学习过程产生重要影响。

3.建构主义学习理论

建构主义是认知主义的进一步发展。皮亚杰和早期布鲁纳的思想中已经包含了建构的概念,但他们的认知学习观主要是解释客观知识结构如何通过个体与之交互作用而内化为认知结构。自20世纪70年代末以来,美国教育心理学家,以布鲁纳为首,引入了苏联教育心理学家维果茨基的思想,极大地推动了建构主义思想的发展。维果茨基在心理发展中强调社会文化历史的作用,强调活动和社会交往在个体高级心理功能的发展中的重要作用。他认为,高级心理功能源于外部行为的内化,这种内化不仅通过教学,还通过日常生活、游戏、劳动等实践活动来实现。此外,内在的智力行为也通过外在行为的表现来使主观变得客观。所有这些对现代建构主义者产生了深远的影响。

建构主义在知识观、学生观和学习观方面提出了多个新观点。

第一,知识观方面,建构主义对知识的客观性和确定性提出了质疑,强调知识的动态性和情境性。它认为知识并非对现实的准确表征,而是一种解释和假设,并非问题的最终答案。知识无法精确地概括世界的法则,而是需要在具体情境中进行再创造。不同的学习者对同一命题可能有不同的理解。

第二,学生观方面,建构主义者强调学生并非空白的学习主体,而是在日常生活和学习中已经积累了丰富的经验。因此,教学应该创设理想的学习情境,促进学生之间的合作,激发学生推理、分析等高级思维活动,促使学生积极地建构意义。

第三,学习观方面,建构主义认为学习不是教师向学生传授知识,而是学生自主建构知识的过程。学生是主动建构意义的参与者,这种建构过程无法由他人代替。学习者的知识建构具有三个重要特征。首先,学习是主动建构的过程,每个学生根据自身已有的知识和经验来建构理解。其次,学习是社会互动的过程,通过学习成员之间的沟通交流和共享学习资源来完成学习任务。最后,学习是情境化的过程,知识不是脱离实际情境单独存在的,只有通过实际情境中的应用活动才能真正被人理解。因此,学习应当与情境化的社会实践活动相结合。

4.人本主义学习理论

人本主义是在20世纪50~60年代兴起于美国的一种重要教育思潮,其主要代表人物包括马斯洛、罗杰斯等。人本主义心理学提出了以下主要观点：首先，心理学的研究对象是"健康的人"，即关注人的积极和健全的心理状态；其次，人的生长和发展是一种内在的本能，是人类固有的特征；再次，人具有自主地、创造性地做出选择的权利，强调个体的主动性和自我决定性；最后，情感体验在人的本性中具有重要地位，被视为人类经验中的关键内容。

(1) 马斯洛的需要层次论

根据马斯洛的需要层次理论，人的需求可以分为五种，按照从低到高的顺序排列，依次为生理需求、安全需求、归属与爱的需求、尊重需求和自我实现需求。在这个需求层次中，最基本的是满足生理需求。一旦生理需求得到满足，接下来就是安全需求，即个体追求稳定、安全、受保护，远离恐惧和焦虑等。之后是归属与爱的需求，即个体渴望与他人建立情感联系，如交友、追求爱情等。紧随其后的是尊重需求，包括自尊和他人的尊重。这四种需求统称为缺失性需求。在满足了较低层次的需求后，个体进入自我实现需求层次。自我实现是一种高级需求，指个体完全实现其人性和潜能的充分发展。从学习心理学的角度来看，人们学习是为了追求自我实现，通过学习使自身的价值、潜能和个性得到充分而完整的发展和实现。

马斯洛的需要层次理论说明，学生缺乏学习动机可能是因为某些缺失性需求没有得到充分满足所致。因此，教师不仅应关注学生的学习，还应关心学生的生活和情感，让学生感受到被尊重和热爱，以消除影响学习的各种干扰因素。

(2) 罗杰斯的自我实现人格论

人本主义心理学家认为，人的成长是源于个体自我实现的需求，这种需求是人格形成和发展的推动力。关键在于形成和发展正确的自我概念。自我概念的正常发展需要满足两个基本条件：无条件的尊重和自尊。无条件的尊重是自尊的基础，因为只有他人对个体抱有好感（尊重），个体才会对自己抱有好感（自尊）。

在患者中心疗法中，罗杰斯认为患者具有自我实现的潜能，这种潜能并非由治疗者创造，而是在特定条件下自由释放的。因此，采用了"患者中心疗法"的方法。该方法的基本做法是鼓励患者积极陈述问题并自行解决。治疗者在治疗过程中不解释患者潜意识中被压抑的经历和欲望,也不对患者的自我报告评价,仅仅适当地重复患者的话语,帮助澄清患者的思路,使其逐步克服自我概念的不一致,接受和澄清当前的态度和行为,实现自我治疗的效果。然而,要有效地运用患者中心疗法,使患者潜在的自我得以实现,必须给予患者无条件的积极关注,治疗者对患者应表现出真诚的尊重、关心、喜欢和接纳,即使患者叙述某些可耻的感受,也不表示冷漠或鄙视,这就是"无条件的尊重"。

5. 自由学习理论

罗杰斯在他的著作《学习的自由》中提出了基于自由的学习原则,其中包括以下几个方面:第一,每个人天生具备学习的潜力;第二,只有当教材具有意义并符合学生的学习目标时,学生才会产生学习的欲望;第三,学生只有在少数威胁较少的教育环境中才能有效地学习,这里的威胁指的是学生在学习过程中所面临的心理压力;第四,主动、自发地全身心投入学习才能取得良好的效果;第五,学生自己评估学习结果,这有助于培养独立思考和创造力;第六,重视培养适应社会变化的生活能力的学习;第七,涉及学习者整个人(包括情感和理性)主动发起的学习是最持久、最深刻的学习;第八,在现代社会中,最有价值的学习是了解学习过程、持开放态度对待经验,并将它们与自身的变化过程相结合。

(二)教学设计与学习理论

在20世纪20年代的美国,基于行为主义联结学派心理学的思想,斯金纳提出了程序教学设计理论,并在早期得到了发展。行为主义的核心理念是通过客观方法研究客观行为,提出了刺激-反应联结的公式,即刺激引起反应,学习就完成了。然而,行为主义强调环境决定论和教育的万能性,将学习的研究局限于外部现象和外在条件,完全忽视了个体内部心理的存在。

在20世纪40~50年代,以斯金纳为代表的新行为主义强调"教育是塑造人的行为",他通过长期研究形成了将学习与机器相结合的思想,并创造了教学机器来实现"小步子教学"。尽管教学机器在发挥教师主导作用、考虑学生学习动机方面存在一些障碍，但其在耐心性、促进主动学习和提供及时反馈等方面几乎超过了一般教师的能力，这推动了20世纪60年代的程序教学运动。程序教学思想对教学设计产生了深远影响，并在20世纪70年代后被广泛应用于计算机辅助教学。然而，行为主义将人视为被动的机械结构，完全受环境支配，否认了个体的主观能动作用，以及大脑对行为的调控作用，因此在理论上显得无力且单调，教学设计不得不寻求其他理论的支持。

在20世纪60年代，美国认知学派代表布鲁纳提出了认知发现理论，认为人的认知活动是按照一定阶段的顺序形成和发展的心理结构来进行的。这种心理结构被称为认知结构。他的知识结构论和学科结构论是其理论发展并实践的重要成果。他认为，要让学生学习学科的基本结构，并指出首先，行为主义联结学派心理学以斯金纳的程序教学设计理论为基础，在20世纪20年代的美国崛起并得到早期发展。行为主义强调通过客观方法研究客观行为，提出了刺激-反应联结的公式，即刺激引起反应，学习就完成了。然而，行为主义忽视了个体内部心理的存在，将学习的研究局限于外部现象和外在条件。

在教学设计中，还有其他重要的教育学理论和方法，如情感教育、构造主义教育、个别化教学等。情感教育强调培养学生的情感素养和社会情感能力，以促进他们的情绪管理、人际关系和道德发展。构造主义教育认为学习是建构知识的过程，学生通过与真实环境的互动来构建自己的理解和知识结构。个别化教学则强调根据学生的个体差异和学习需求，提供个性化的学习支持和指导。

认知学派的启示表明学习是学习者主动接受刺激、积极参与和积极思考的过程。学习依赖于学习者主观构建，将新知识融入已有的认知结构中。因此，学习必须以既有知识为基础，只有通过充实的知识才能促进智力发展并形成健全的认知结构。

为了确保有效学习，我们应该重视学科知识结构与学生认知结构之间的关系。加涅吸收了行为主义和认知学派的精华，成为认知学派的代表人物。他强调了外部刺激对外在反应的作用，也强调了内部过程的内在条件的作用。他的著作《学习条件》和《教学设计的原理》为教学设计提供了更多支持。

三、高校英语教学设计理念及其运用

(一)高校英语课堂教学应具备的新理念

1.树立"以学生为主体"的教学理念

高校英语课堂教学设计应当确立以学生为主体、以学生发展为中心、以提高学生能力与素质培养为目标的教育思想。除了传授语言知识,还应注重培养学生科学的思维方法和人文素质,并重视他们的自学能力。为实现这一目标,英语课堂教学应采用"少而精""启发式"的方法。此外,现代教育教学手段和技术的应用也应得到重视,以提高课堂教学的效果。教学方法应从满堂灌输转变为以学生为主体,融合讲授、自学、实践、讨论、归纳等多种元素。在教学过程中,应重视培养学生的实践能力和创新意识。

2.树立"以言语为本位"的课程观

在高校英语课堂教学中,教师的任务是教给学生一种语言并培养其使用语言和用这种语言讲话的能力。学习英语的目的是学习语言运用,即言语。在我国高校英语教学中,目前教学质量不是很高,出现哑巴英语现象,教师教学的重点是语言教学而非仅仅教授语言知识,这是学生停留在英语语言知识掌握层面的主要原因。然而,要使学生形成良好的听、说、读、写能力,仅仅掌握语言知识是不够的,还需要通过听、说、读、写的语言实践逐步培养感受、领悟、积累和运用英语语言的能力。因此,英语教师必须确立以言语为核心的课程观念,以此提高教学质量。

3.树立"以实践为基础"的教学观

基于"以言语为本位"的课程观,决定了高校英语课堂教学必须树立"以实践为基础"的教学观。在教学过程中,语音、语法、词汇等知识是通过语言知识课获得的,听、说、读、写即运用语言的能力必须通过言语实践课获得。诚然,两者之间存在相互依存、相互转化的辩证关系,但是英语语言知识学好了,不等于自然可以提高言语能力,言语能力的形成必须建立在言语实践基础之上,这种能力不是老师讲出来的,必须通过言

语实践来完成。这种实践过程必须是以学生为主体的实践,在教育学中被称为习得,即通过丰富具体的语言感受和运用,最终实现英语教学的目的。

4.构建"真实言语"教学环境

要提高学生的言语能力,主要取决于吸收、积累语言和习得、积淀语感。积淀语感应强调学生的亲历性和环境的真实性,前者是指学生必须真实参与言语过程,后者是指在亲历性的同时应构建同样的"真实言语"教学环境。这要求教师必须适当将讲授式课堂变为交际型课堂,将知识型课堂变为言语型课堂,创建富于生活化的"真实言语"教学环境。"生活化"的教学环境设计,是将课堂外环境引入课堂内,使英语课堂教学变为真实的言语交际,这可以进一步激发学生的学习兴趣,活跃课堂气氛,更有利于培养学生运用语言的能力。

(二)课堂教学设计新理念的具体运用

1.要密切联系单元教学目标和教学内容

单元教学有其明确的内容和目标。课堂教学设计时,必须根据学生的认知能力和对语言知识掌握和熟练运用程度的不同,根据本单元教学内容及其目标,巧妙设计课堂教学活动,尤其是应注重将听说读写过程与教学活动融为一体,使学生掌握语言知识,提高言语能力。

2.要讲究多样性和趣味性

教育家科罗廖夫指出"有趣味、有吸引力的东西使识记的可能性几乎增加一倍半"。可见,兴趣是教学的动力,必须通过教师的主导作用和教学技艺培养学生的学习兴趣。所以,教师必须根据教学内容、学生的特点和自身教学能力,以适当的教学资源创设丰富多彩的教学情景,采用灵活多样的教学手段和方法,调动学生学习英语的积极性和能动性,将"要我学"变为"我要学",将"学会"变为"会学"。

3.要体现交际性原则

课堂教学设计新理念下的高校英语教学并非"要我学",而是通过师生和生生之间的互动完成教学任务的一个过程,其实质是交际。可见,高校英语课堂教学是通过交际使学生认识和掌握语言知识,并形成言语能力的过程。在此过程中,师生和生生之间的认知活动是相互依存,相互作用的,一方为另一方提供交流信息,来传授教学内容。所以,这种交际性要求教师在课堂教学设计时,要创设真实的言语情景,安排形式多样有趣的教学活动,全方位地感受语言的刺激,引导学生运用语言知识交际,这既能锻炼学生的动手、动脑能力,又能使其真正掌握教学内容。

4.要灵活运用各种教学手段

为提高高校英语教学质量,必须灵活运用录音、录像、语言实验室、多媒体、投影仪、幻灯片等现代教学手段,其作用主要表现在:①创造真实的言语交际环境。学生在此环境中全方位感受语言的刺激,使其认识到言语能力在人际交往中的重要性,学生的求知欲高涨,学习兴趣浓厚,其听说读写能力自然得到提高。②发展学生言语能力。电化教具生动、形象,能将学生的视觉、听觉和动觉充分调动并积极参与语言实践,加之创设了真实言语环境,多方位的语言刺激和实践能从不同角度激发学生的能动性,从而达到培养学生听说读写能力的目的。③促进教学活动的顺利开展。现代教学手段动摇了传统教学模式,能够充分调动学生参与教学活动的积极性,可以在短时间内完成单元教学目标。

5.要精心设疑提问

美国著名教育心理学家布鲁纳指出"教学过程是一种指出问题和解决问题的持续不断的活动"。在课堂教学设计过程中,要根据学生的认知能力和教学内容的不同,设计形式多样、富有启发性的疑问,以启迪学生去思考问题和解决问题。可见,设疑与提问是师生、生生互动和调控课堂氛围的重要手段,它可以促进师生、生生之间的沟通交流和反馈,发挥激发学习兴趣、了解知识掌握程度,诱导和鼓励学生积极思考、复习巩固知识和训练口头表达能力的作用。

第三章 高校英语教学模式创新的可选策略

第一节 高校英语教学模式综述

一、传统英语教学模式

课程设置：课堂教学。在传统英语教学模式中，课程设置为每周三节读写课和一节听说课。教师在课堂上扮演权威角色，强调掌握语言系统对语言习得的重要性。

教学方法：语法翻译法。通过教师为中心的讲授和任务布置来强化学生的语言能力。

评估手段：主要依靠平时作业和期中期末考试成绩。这种模式仍然是主要的评估方式，而未参加新模式实验的班级和大部分对照班都采用这种模式。

二、多媒体辅助下的传统（课堂）英语教学模式

多媒体辅助下的传统英语教学模式与第一种模式相似，但在课堂环境方面有所改善。教室配备了现代化的多媒体设备，并通过校园网络提供网络教学平台。教师利用多媒体和网络资源展示课件或连接外部资源来讲解课文和解决难点。读写课仍然采用传统的语法翻译法，而听说课则采用听说法，注重全面培养学生的语言能力。尽管在教学环境上有所改变，但该模式仍然是以教师为中心的传统教学模式。

三、分级英语教学模式

传统的教学方式和以教师为中心的教学模式难以解决学生成绩差异大的问题，因此采用分级教学模式。与传统模式相比，在师资配备、教学

手段、评估方法等方面并无太大差异。该模式将成绩优秀和成绩较差的学生分为快班和普通班,并根据学生的需求增设高级课程,如翻译和口译,以综合训练学生的语言应用能力。同时也关注普通班学生进度较慢、需要提高综合应用能力等需求。该模式从学生需求出发,教学有针对性,有利于提高全体学生的学习效果。

四、网络环境下的以学生为中心、教师为主导的教学模式

近年来,以学生为中心、教师为主导的教学模式在网络环境下呈现多样化,并涌现出多种模式。不论是课程设置、网络教材和课件编制,还是教学方法和技巧,这些模式的共同点是注重发挥学生的主体意识和自主学习能力,教师起到主导作用。核心在于完成任务、解决问题和分析案例,注重培养学生的听说能力和情景创设。教学方法打破了传统的单向传播,采用启发式、讨论式和研究式的知识传播。注重整体语言教学,强调听说读写的结合。这种教学模式适应学生个性化发展的特点,包括大班上的读写译教学、小班上的口语教学、在线自主学习、课后网络辅导答疑以及形成性评估和终评估等。网络环境为学生提供了更广阔的学习资源和交流平台,使得学生可以更加灵活地参与学习和互动。

五、中外合作办学大学英语教学模式

这一模式与前四种模式的不同表现在学校的运营方式是与国外大学合作办学,这些合作办学项目的共同点是将学生的外语学习与专业学习有机结合起来,旨在满足特定职业性要求或规定的实际应用目标。这些项目注重将语言教学与专业知识结合,帮助学生顺利过渡到专业领域。教学方式采用小班教学和分级滚动教学的形式,使用国外的英语教材、教学方法和评估手段,并结合任务型教学和信息技术进行教学和评估。通过与不同文化背景的教学合作,旨在实现教学优势互补和提高教学质量的目标。

第二节　高校英语教学模式的优化

一、对教学方式进行优化

为了优化学生的教育过程,应该充分体现学生的主体作用,并对学生的学习水平和个体差异有充分了解,使分级变得科学和合理。要充分考虑学生个体的学习进步和能力提高,引入动态的分级方式,以月度或学期为调整周期,允许学生在不同层级之间流动。最后,教师应该消除对学生的偏见,平等对待每个学生,充分发挥他们的特长和优势,让他们树立学好英语课程的信心,从而取得进步。

二、对英语教学内容进行优化

(一)课程设置的优化

高校应该以学生的英语水平为基准,结合英语教学目标,合理安排英语课程。在进行分级后,可以将课程设置分为两个递进的层次:必修课程层次和选修课程层次。必修课程安排在学生入学后的头两个学年,主要讲授英语基础课程,包括精读、听说、写作、翻译等,每学期进行期末考试;成绩优秀的学生可以进入下一个层次,即进入选修课程层次进行学习,这些学生通常对英语有浓厚的兴趣,基本功扎实。选修课程层次的教学安排在大学的第三和第四学年,根据学生的学习兴趣和具体专业,有针对性地开设诸如"商务英语""法律英语"等课程,使学生在掌握专业知识的同时具备深厚的英语基础,朝着培养"复合型人才"的目标迈进。

(二)教学内容的优化

合理安排教学内容也是实现分级教学目标的重要组成部分,各个层次的学生需要有针对性的教材和教学内容。首先,要重点把握教材的核心内容,例如英语词汇中的高频词讲解,同时注重语言教学的社会属性视角,通过真实材料构建动态的教学情境,使学生在掌握语言功能和形式的同时增强运用语言的能力;其次,要精选教材中的相关内容,因为在有限的课时中想要夯实学生的英语基础,就必须筛选和控制相关知识,避免过多地进行百科全书式的讲解,将有限的时间和精力放在学生的英语基础和技能训练上;最后,要积极拓展教材的必要内容,即与大学生的专业素养和创新能力相关的教学内容。通过教授这类内容,学生可以培养英语学习的习惯和英语思维,树立自主学习的理念,并发展个人的学习情感,提升思想品德。

三、优化英语教学方法

我国的高校普遍采用传统的班级授课制度来进行英语教学。然而,在分级教学的背景下,为了更好地满足不同水平学生的需求,我们应该开发出不同的教学方法和教学体系。通过针对不同级别学生的基础层次,选择适合的教学方法,可以获得更显著的教学效果。

(一)推行自主学习模式

自主学习模式是指学生在教师的指导下,在总体学习目标的框架下,根据自身实际情况自由选择学习内容和方法的方式。这种模式有利于培养学生的主动性。英语课程具有较强的实践性,通过教师的引导,学生可以逐渐将英语学习变成自觉的行为。基于学生基础扎实、学习效率较高的特点,我们可以在讲解少量重点内容的前提下,鼓励学生培养自主学习能力,从而最大限度地发挥他们自身的潜力。

(二)采用合作学习模式

在班级授课中,采用合作学习模式将学生分为小组,进行教与学的互动。合作学习的评价标准兼顾个人成绩和团体成绩。对于英语基础中等、学习方法和效率一般的学生来说,他们渴望取得进步,但缺乏持久的毅力。他们已经掌握了英语的基本知识,但对其中更深层次的知识理解不深。因此,采用合作学习模式可以为他们创造更多的英语实践机会,在与小组成员的互动中发展智力因素和非智力因素,并在巩固基础知识的基础上掌握新知识。

(三)采用讲授教学模式

对于英语基础薄弱、对英语课程缺乏浓厚兴趣、没有掌握合适学习方法、学习效率较低的学生来说,巩固基础知识是当务之急。在讲授教学模式中,教师应注重让这部分学生尽快对英语课程的知识体系有清晰的把握,从而加快认知速度,扩大知识范围。需要注意的是,教师应努力克服讲授教学模式的固有缺陷,即学生的被动接受。教师应提高课堂调控能力和教学材料组织技巧,使英语讲授过程富有趣味性和实用性,以增强教学效果。

四、优化教学评价

教学评价是根据一定的客观标准,在搜集相关信息的基础上,运用科学的方法对师生的教学活动及其效果进行价值判断的活动。在高校英语课程实施分级教学的过程中,教学评价应贯穿整个教学过程。分级教学的最初阶段,对学生进行的分级属于对他们英语水平和能力的诊断,而评价则是对学生学习过程和学习成果的反馈和总结。以下是优化教学评价的一些建议。

(一)多元化评价方式

传统的教学评价主要以考试分数为主,这种评价方式偏重知识的记忆和应试能力,无法全面评价学生的英语水平和能力。我们可以采用多元化的评价方式,包括口语表达、听力理解、阅读能力、写作能力以及综合应用等方面的评价。通过多种形式的评价,可以更全面地了解学生在不同方面的英语能力和进步情况。

(二)引入自我评价和同伴评价

除了教师的评价外,引入自我评价和同伴评价可以提供更多的参考和反馈。学生可以通过自我评价来反思自己的学习过程和成果,并制订自我提高的计划。同伴评价可以促进学生之间的互动和合作,通过互相评价和反馈,学生可以更好地发现自己的不足和改进方向。

(三)设置明确的评价标准和指标

为了确保评价的客观性和准确性,需要提前确定评价标准和指标。这些标准和指标应该与教学目标相匹配,并且能够量化和具体化,以便对学生的表现进行具体评价。同时,评价标准和指标也应该向学生进行明确解释和说明,使他们清楚评价的依据和要求。

(四)及时反馈和指导

评价不仅仅是对学生学习成果的总结,更重要的是为学生提供及时的反馈和指导。教师在评价学生的同时,应该给予他们具体的建议和指导,帮助他们发现问题、改进学习方法,并指导他们制订下一步的学习计划。及时的反馈和指导可以帮助学生更好地调整学习策略,提高学习效果。

通过优化教学评价,可以更好地了解学生的学习情况,发现问题和不足,并针对性地进行指导和改进。这将有助于提高英语教学的效果,促进学生的全面发展。

第三节 高校英语教学模式创新策略

一、坚持用英语组织教学的模式

高校英语是一门实践性很强的课程,用英语组织教学是实践性的具体表现,它的特殊性在于英语既是教学的对象,又是教学的手段,它有利于将教师的教直接转化为学生的练。外语教学的目的不是为了向学生介绍有关外语的知识,而是要培养学生实际运用和驾驭语言的能力。坚持用英语组织教学是精讲多练、学以致用的最佳途径,经常性地输入有利于学生将来的输出。从心理学的角度来看,经常性地复现,是克服遗忘现象最有效的办法。

二、以学生为中心的教学模式

学生为中心的教学模式与传统教学模式截然不同。传统教学模式以教师为中心,注重教学方法,忽视学习方法。而以学生为中心的教学模式则强调挖掘学生已有的知识和学习经验,使教学内容更贴近实际,更易于学生深入理解。学生的需求成为所有教学活动的源泉。在这种模式下,教师的关键是如何引导学生掌握有效的学习策略,充分吸收语言输入。学生承担了输入信息的主要任务,从而确保所学内容的相关性。学生为中心的高校英语教学模式并不否定教师的主导作用,而是要求教师改变以讲授为主的教学方式,成为多重角色的扮演者。教师是学生语言实践活动的鼓励者和合作者,他们应该积极、真诚地参与课堂活动,分享自己的想法和意见,或者根据自身经验给出宝贵建议。教师还担任学习策略的培训者角色,帮助学生找到适合自己特点的学习方法。教师是帮助者和资源,教师及时给予学生帮助使教学活动更加有效。教师是整个教学活动成果的检测者,为学生的进步提供必要的反馈,尤其是在语法、测试等活动中,教师的这种作用显得尤为突出和必要。

教师的这种主导作用体现在教师的合理引导,而不是保姆式的全程服务。以学生为中心的教学模式的优点:①学生的潜力可以得到充分发挥;②教师和学生能够不断地进行需求分析;③课程资源可以得到有效开发;④学生在有效实践中逐步培养英语的交际能力;⑤学生之间互教互纠、交流学习经验成为可能;⑥良好的师生关系、良好的学风、良好的精神风貌将英语学习导入良性循环。①

三、任务型教学模式

任务型教学模式一般分为三个阶段。首先是任务前,教师介绍课程主题,然后学习者进行相关活动。这些活动有助于他们回忆完成主要任务所需的词汇和短语,并学习与任务密切相关的新词汇和短语。接下来是任务中,学习者以个人或小组形式进行活动(通常是阅读、听力练习或问题解决练习),然后向全班汇报他们如何完成任务、得出的结论,并以口头或书面形式向全班同学介绍他们的发现。最后是任务后,重点放在语言方面。强调任务中特定的语言形式并进行练习,并对学习者在前一阶段的表现进行反馈。

成功的任务设计应满足以下要求:①使学生学会用所学语言进行交流;②使学生在真实生活交际中练习所需的语言技能;③激活学生的心理和心理语言学学习过程,将心理压力降至最低;④最大限度地激发学

---

①王黎蕊,黄毅."互联网+"教育背景下大学英语教学模式创新研究[J].科教导刊,2019(08):104-105.

习积极性,让学生以积极态度对待自己的错误,明白错误是正常语言学习过程中必经的阶段。

在语言应用方面,采用各种任务可以使学生有机会综合运用所学语言,并在交流中学会交际。这种交流使学生将注意力集中在语言表达的意义上,以使用语言和完成任务为最终目标,从而降低了心理压力。这个阶段的语言活动通常可以在小组或结对练习中完成,应具有以下特点:①贴近实际生活中的语言使用环境;②交流双方之间存在信息差;③解决实际问题,发挥学生的自主性和创造性。

任务型教学法是一种值得推崇的、有利于发挥大学教师和学生创造能力的新型教学法。在高校英语教学中实施任务型教学可以帮助学生培养在真实环境中综合应用英语的能力,并通过可见的方式体验自己的进步。学生在完成任务时是为了交际而运用语言,而不是为了学习语言用法而运用语言,他们的注意力集中在语言的意义上,而不是语言的形式上。

四、文化导入的教学模式

语言既是信息的媒介,也是文化的表达形式。语言与文化密不可分,语言的背景、情境和内容都离不开文化的影响。语言交际能力不仅包括语言能力,还包括对社会文化各个方面的了解。教师在传授语言知识的同时也传递了多方面的知识。因此,英语教学既是在语言中教授文化,又是在文化中教授语言。文化导入的教学模式旨在通过课堂教学提高学生的语用意识和跨文化意识。在文化导入的教学模式下,语言教学和文化背景知识教学同时进行,相互促进。教师结合教材内容有计划、有步骤地向学生介绍英语国家的文化背景知识,涉及政治、经济、历史、地理、教育、文艺、宗教信仰、社会制度、生活方式、风土民情、社会传统、民族习俗等各个方面。针对存在文化差异的难点进行讨论,让学生有机会观察两种文化的共性和差异,逐渐培养学生对文化差异的敏感性。

五、多媒体教学模式

多媒体教学模式利用计算机和多媒体课件创造了优化的学习环境和

生动的教学情景。在这种模式下,教师能够以生动形象的方式向学生展示历史事件、人物和地点,通过图文并茂、动感的画面给学生留下深刻的印象,使学习内容易于记忆,避免了乏味感。同时,听、说、读、写、译等各种技能的训练能够有机协调进行,真实的材料和场景保证了多媒体教学的效果和效率,这些材料和场景可反复使用和资源共享。相关调查表明,多媒体教学模式方便了学生在课内和课外的语言输入,有利于强化语言学习过程。如果将多媒体教学与交际法教学结合起来,效果将更加显著。

在一些学校中,多媒体教学模式的课堂设计包括五个部分:问题导入、课文引入、演练、讨论总结和结束。课堂教学以学生为中心,围绕学生展开活动,力求创造有利于交际的语言环境,激发学生的想象力和创新能力。教师在这五个步骤中保证学生有充分的活动时间和空间,以突破课文的难点、突出重点,并渗透素质教育内容。问题导入体现了真实性原则,通过与学生熟悉的事物和物品相关的话题展开讨论。课文引入部分引导学生了解课文所涉及的文化背景,使用多媒体软件进行课文讲解,图文并茂、生动形象,期间穿插学生朗读、师生问答以及同学之间的互动问题,引发课堂讨论。接下来是处理难句和篇章的分析和翻译,以及重点生词和短语的学习。演练部分主要通过表演来运用所学词语和短语的表达方式,以达到巩固和消化知识的目的。

高校英语教学各种模式之间是有机协调统一的,为了取得改革的理想效果,我们需要对教师、教材、教学理念、教学手段等加以通盘考虑,在具体的实施中对参与教学的各种因素进行整合。其中高校英语教师素质的提高无疑是改革的重中之重。改革并非一个简单的规划,而是一段充满挑战的旅程。因此,高校英语教学模式的改革和创新仍然面临重大的任务和长远的道路。

第四章 高校英语任务教学模式创新探索

第一节 任务教学模式的问题与步骤

一、任务教学法模式需注意的相关问题

(一)任务教学的活动策划应紧密围绕英语教材与英语教学大纲

纵观国内外的任务活动形式,其对于高校英语教学来说尚存在一定的局限性。例如,其主要以口头沟通为主,英语语言知识常被忽略,使语言的准确性受到影响。现有的教材、大纲是教育界的专家学者经过多年精心研究编写而成的,其教学内容和编写原则都是经过科学论证和实践检验的。因此,教师在运用任务教学法时,教学内容仍以教材为切入点,结合学生的实际、灵活采取不同的任务形式,力求充分发挥学生的主观能动性和创造性,进行听、说、读、写等方面的综合训练。教学研究的重点是如何运用任务教学法完成教材的学习内容,使学生的英语水平达到教学大纲的要求,以保证学生英语语言学习的准确性,同时也可强化英语能力的培养和大学生综合素质的教育。

(二)英语教师必须改变教学观念,提高自身素质

高校英语教师自身的水平在一定程度上制约了任务教学法的实施。由于任务型教学在课堂的应用使得教师的角色范围有所扩展,使教师从简单的讲授者,转变成了课堂任务的主要设计者。英语教师在设计任务时,不仅要考虑到语法因素,还要顾及文章的长度,使用词汇数量的多少以及考虑任务参与者的数量和水平等。因此,英语教师不仅要及时了解最新的教学方法和技术,而且必须不断提高自身的英语水平和教学水平。

(三)任务布置应当具体化,并具备可操作性

在确定每节课的教学任务时,英语教师应避免模糊地提及培养学生某种能力,而应将其具体化为与英语教学内容相关的具体要求或特定技能。明确具体的目标能够增强英语教学的针对性,使教学任务得以实施。教学目标应以行为化的方式进行表述,具有可见性和外显性,让教师和学生都清楚教什么、学什么以及如何进行教学和学习,这样的教学任务才具备可操作性。

"任务"并不意味着让学生自由地完成他们喜欢做的事情,而是指在课堂教学中,任务的安排应该紧凑有效、有明确的目标,让更多的学生参与其中,并提高语言运用的质量。大多数人只是旁观者,这种任务无法体现出学习、理解和运用语言之后的实际活动。任务教学法强调让学生用英语来实际做事,这并不排除对英语语言知识的学习,但也不过分强调语法规则的教授。

(四)英语教师在任务教学法中需要把握好参与的尺度

在任务教学法中,尽管强调学生自主学习和知识建构的作用,但并不意味着可以忽视教师的角色,相反,教师的作用更加关键,对教师的要求也更高。因此,在英语教学过程中,教师需要注意以下几点。

1. 遵循"教师为主导,学生为主体"的教学原则

在任务教学法中,英语教师必须认识到学生的知识是在教师的指导下,由学生主动建构起来的。因此,在任务教学法中,要突出学生的主体性,充分发挥学生在学习过程中的主动性、积极性和创造性,而教师则扮演着组织者、指导者、促进者和咨询者的角色。当学生遇到困难时,教师应提供有效的帮助;当学生不够主动时,教师可以引导他们探究;当学生完成基本任务后,教师可以激发他们的创作欲望,引导他们进一步扩展任务。

2. 实现教学相长

教师不能一直以师长的身份出现在学生面前,而应学会与学生平等相处、互相学习、互相交流和互相讨论。高校英语课程的一个特点是教学形式更新迅速,因此,学生在某些方面的能力可能超过教师。英语教

师需要保持谦虚的态度,愿意向学生请教,及时向学生提问,因为"能者为师"。

总之,高校英语教师要承担引导者、组织者、协调者和裁判员的角色,随时为学生提供服务和帮助。在必要时,教师还需调整任务的节奏和方向,处理课堂上的突发情况,以确保任务活动有序、高效地进行。

(五)任务布置要兼顾不同层次的学生

在任务式教学活动中,需要调动不同层次的学生参与教学任务。那些英语基础较差的学生由于语言知识相对不足,通常在任务的设计和完成过程中表现出口语和实践能力较差,他们更倾向于被动地等待他人完成任务,成为旁观者。相反,英语基础较好的学生通常能够争取更多的组织和表现机会,他们有较强的自我优越感,往往以自我为中心,忽视了身边学习进度较慢的同学。在实施任务教学法时,英语教师需要考虑教学任务本身的吸引力,使任务具有挑战性、多样性和层次性,尽可能让不同层次的学生都有能力和机会参与其中。

二、任务教学模式的实施步骤

(一)任务教学法在高校英语教学中的四部曲

1.任务教学法的准备

为了准备任务教学法,首先将全班学生分为若干个小组,每个小组由5至6人组成。在分组时,需要根据学生的性别、学习基础和学习主动性的差异进行合理搭配,并指定一个组长作为教师的助手。组长的职责包括记录组员的考勤情况,组织组员完成教师分配的任务,帮助他们解决学习中遇到的问题,并在平时检查常规作业,如抄写、速读、泛读等。在选择组长时,要考虑他们的英语水平以及他们是否有工作热情和愿望锻炼自己的能力。

其次,由于英语班级的学生并非来自同一专业或同一系,他们之间很难相互联系,因此需要制订一个班级通讯录,其中包括学生的姓名、专业、宿舍、联系电话、性格爱好等信息,以便学生之间加强了解和联系。

此外,学生还可以制作班级英语期刊,将他们的学习成果印刷出来,每一课都发布一期。这不仅满足了学生的学习成就感,还培养了他们的动手能力,同时也有助于学习和复习所学内容。

最后,需要制订每一课的教案,包括教学目标、教学重点、活动形式、任务分配、指导、检查、实施、评估、反馈等方面的内容。这些教案将为教师提供指导,确保任务教学的顺利进行。

2.任务教学法的引入

每一次任务安排到完成约需六节课。要求学生课前预习课文,第一节课把课文串讲一下,指出重点和难点,要求学生结合辅导书与课后练习进行操练。其余的学习内容以任务的形式分配下去,从听、说、读、写各方面学习英语语言。第二节课分配任务,各小组展开讨论。在任务教学法的实施过程中,任务的设计非常关键,任务设计得巧妙、有趣、难度适中更易引起学生的学习兴趣,促进他们的学习,反之则会削弱他们的学习积极性。教学任务活动遵循的是交际性的六个特点:①让学生使用交流达到一定的目的;②创造一种交流的愿望;③传达一定的信息;④鼓励想象力;⑤脱离教师独立交流;⑥能自己决定说什么。任务教学法的引入主要形式包括以下几个方面。

(1)从不同角度,运用不同体裁改写课文

例如,学到《大学英语》第一册第五单元"The Sampler"时,教师可以请学生从老人的角度改写原文。学到"A Miserable, Merry Christmas"时,教师让学生从父亲的角度改写课文。在学到"My First Job"时,学生根据教师提供的范文,为课文中的学校写一份招聘教师的广告及从原文中叙述者的角度写份求职信。诸如此类例子,实在数不胜数。改写课文是值得教师重点运用的教学任务形式之一,它能紧密联系原文,在利于学生理解的基础上输出,同时利于发挥他们的想象力和创造力。

(2)话剧表演

《大学英语》中的很多故事都是话剧表演的好素材。学生们首先把原文改编成剧本,可酌情添加台词,然后排练表演。由于表演与课文内容相关,学生有了一个运用从课文中学到的词汇和语法结构的机会,巩固了对课文的理解,听、说、读、写各方面都得到了锻炼,创造力和表演才能也得到了体现。

（3）为课文准备背景材料

如学到"Is There Life On Earth?"时，教师可要求一组学生到图书馆查阅有关太阳系八大行星资料并向其他同学做讲解；学到"The Party"时，要求学生们准备印度及眼镜蛇的有关资料。学到"The Woman, Who Would Not Tell"时，一些同学主动要求准备美国的资料，从而锻炼了学生收集资料、归纳总结等科研能力。

（4）小组讨论和写读后感

如学到"The Present"一课时，让学生们讨论比较外国老人与中国老人的生活状况，他们的人生观、价值观及对待自己的父母的差别。

（5）编故事

这也是操作、复习课文重点与难点的好方法。具体做法是教师从所学英语课文中挑出10到15个重点词汇或短语，让学生用于所编故事中，顺序不限。编故事可避免学生机械记忆，并提高其灵活运用英语语言的能力。

（6）其他难度较大的任务形式

如学到"The Party"时，可组织辩论赛。

3.任务教学法活动的结束与评估

任务分配过后，英语教师需要给学生两节课的准备时间，并加强课外辅导。第三节上课便检查任务完成情况。除了表演性质的，一般是每组选一个代表，上讲台陈述各组的任务完成情况。陈述完毕，其他小组便为陈述小组打分并作简单的评议。小组评议保证了每组陈述时，其他小组在认真倾听。同时为保证每个组员都积极参与任务的完成，组长要对组员的参与程度做记录、打分。另外，每组陈述后，老师也要对其任务完成情况做客观、公正、有针对性的以鼓励为主的评价。自我评价占20%，小组评议占30%，老师评价占50%，这都作为平时成绩记录下来。

4.任务教学法结果反馈

每一课的学习结束后，教师可采用问卷调查、个别谈话等形式听取学生的意见，对教学及时做出调整。如第一次运用任务教学法后，教师做了问卷调查,绝大多数同学都对新的教学方法表示欢迎,认为这种方法更生动有趣,学习起来更轻松,也更能培养他们的综合能力。但也有个别同学不太赞同,有的是因为学习观念没转变过来,有的因为学习基础不好,又不预习课文,老师简单串讲后,对课文还是不懂。针对这样的同学,教师可通过个别谈话,鼓励他们锻炼独立学习的能力,养成良好的学习习惯,多向其他同学学习,以适应新的教学方法。同学们经常会提出许多好的建议,对教师的教学非常有帮助。

(二)任务教学法的基本环节

1.布置任务

布置任务的过程包括以下几个步骤,旨在引导学生的兴趣和注意力,并帮助他们理解任务的具体要求。具体做法如下:

第一,教师确定将要讨论的话题范围,最好选择大多数学生熟悉或感兴趣的话题,例如家庭、学校、学习、就业、爱好、习惯等。这样一来,学生在讨论时就会有话可说、有话想说。

第二,教师帮助学生回顾和激活实施交际任务所需的关键词语,其中可能包括学生不熟悉的词汇。需要明确的是,激活相关的关键词语并不意味着要传授大量的新语言知识或特定的语法规则,而是旨在增强学生在实施交际任务时的自信心,使他们能够在需要时用这些词汇或语法形式表达自己的想法。激活关键词语可以采用多种方式,如个人头脑风暴法、词语分类法、词语画面匹配法、问答法等。其中最简便且可行的方法是个人头脑风暴法,即教师引导学生集思广益,将他们已知的相关词汇汇总起来,同时重点激活学生不熟悉的几个关键词,为学生后续实施交际任务做好语言准备。

第三,教师要确保学生明白将要实施的交际任务的具体要求,包括任务的内容、目标以及讨论方式等。值得一提的是,在布置任务时,教师不一定总是扮演独角戏。如果课本中明确规定了任务要求,可以要求学生站起来朗读;如果某些任务需要演示,可以让学生与教师一起进行,这样不仅能够集中学生的注意力,同时也为学生提供了接触和使用目标语言的机会。

2.任务实施

众所周知,语言接触和使用是外语习得的关键。通过使用语言来输出,学习者可以更好地吸收已学的语言知识,实现习得语言的目标。此外,自信心和敢于开口也是外语学习中必不可少的心理素质。当学习者意识到在没有老师的指导下,他们能够利用所学的语言知识完成交际任务时,他们的自信心就会增强。

任务实施是语言学习中至关重要的环节,它为学习者提供了充分运用所学语言知识的机会,同时也有助于增强他们的自信心。任务实施包括三个基本步骤:学生自主讨论、成果报告准备和讨论结果汇报。后两个步骤是对前一步骤的深化和提升,不可或缺。在小组讨论结束后,学生会对其他组的同学是如何完成任务目标的产生好奇,他们想知道其他组有哪些新的见解和解决问题的方法,因此讨论结果汇报环节是必不可少的。

可以看出,成果报告准备阶段是任务实施的核心环节,也是学生能否在全班同学面前高质量完成小组讨论结果汇报的关键。因此,在学生完成小组讨论后,教师需要注意以下几点。

第一,告知学生每个小组需选派一名同学向全班汇报讨论结果。即使在任务布置阶段已经交代过,再次强调可以使学生更加重视此要求。

第二,确保学生清楚小组报告要阐述的核心议题,并明白在相互倾听报告时需要捕捉哪些有用的信息。

第三,明确小组报告的形式,并告知可使用的教学设备,如口头演讲还是书面呈现。对于口头演讲,是否可以使用投影仪,是否可以带有要点的笔记或完整的讲稿等。

第四,设定报告的时间限制。口头演讲的时间可以较短,因为一个口齿伶俐的学生可以在半分钟内说或读一百个单词;如果是书面报告,要给出字数和段落数的建议,并明确每个段落应包含的内容。

第五,设定报告准备的时间限制,并告知学生在此期间你将在场提供语言帮助。

第六,如果教师发现某些学生总是包揽报告准备阶段的任务,可以给小组内的学生分配特定的角色。例如,让不常发言的学生负责书写报告,让积极发言的学生提供语言上的帮助等。

3.小组报告

完成报告准备阶段后,进入小组报告阶段。前文提到,在报告准备阶段,学生会反复思考、修改和组织他们在报告中使用的语言,力求以最佳方式表达他们的思想。然而,他们的语言表达可能不像专业的英语人士那样地道,可能存在词语选择不当和语法错误等问题。最重要的是,教师应该承认学生在现有语言知识和规定时间内已经尽力而为。因此,英语教师绝对不能对小组所写的报告要求完美,更不能贬低他们的成果或做出否定性评价。相反,应该关注他们语言表达合适的方面,对取得进步的地方进行评价。肯定学生的报告将提升他们学习的积极性,增强他们的自尊意识,并促使他们不断努力。

(三)任务教学法的三个阶段

1.任务前阶段

在开始学习课文之前,教师会简要介绍课文的主题,并要求学生以小组为单位收集相关资料。学生需要对收集到的资料进行进一步筛选、分类和总结,并预习课文,整理出课文的提纲。此外,对课文中的生词、短语及难句进行标注、讨论,以扫除阅读上的障碍(对于其中的难点和问题,在课堂上可由教师或其他学生回答)。在这一环节中出现的问题和错误,教师可针对其中典型、普遍的问题和错误提出并纠正。

2.任务中阶段

任务实施阶段是整个教学任务的执行阶段。根据前一阶段的进行情况,教师可以安排具体的教学活动。以下是几种常见的任务完成形式。

(1)讨论

通过讨论"你为什么要选择这份工作?""如果你面试成功,你最想做什么职位?""你是否愿意加班工作?"等问题引出课文。

(2)辩论

在辩论过程中,同学们表现活跃,虽然他们的词汇运用能力和英语表达能力有限,但他们都能认真对待并积极参与其中。

(3)表演

模拟进行一次面试,在学生中挑选三人和教师一起担任面试考官,另外挑选三位同学扮演面试者参加面试。其余的同学则作为观众,表演结束后,请同学们评述参加面试时的注意事项及表演同学的表现。同学们不仅练习了英语,同时也展现了他们的个人风采,增加了锻炼机会,体验了生活。

(4)小结

最后在结束课文,完成课后习题的同时,教师可要求学生对本篇课文进行总结,写出概要和体会。学生在深入理解课文的同时,也锻炼了写作能力。

3.任务后阶段

任务后阶段主要是对之前两阶段各类任务完成情况进行归纳与总结。学生主要是运用读书笔记的形式完成该阶段的任务,各组也可选择本组某一同学以口头报告的形式完成,英语教师可以通过对学生在整个任务完成过程中的表现及参与程度进行点评,并以此作为期末成绩的评判标准之一。

(四)任务教学法实施过程中教师角色扮演

为了体现高校英语教学的人性化特点,并充分发挥学生的主观能动性和思维创造性,培养大学生的自主性、独立性和合作意识,同时引导他们在思维活动中获取知识和掌握英语学习方法,提供相关平台使学生最大限度接触和使用目标语言。在任务教学法的三个阶段中,教师需要根据不同阶段的特点扮演不同的角色。

1.英语教师在任务前阶段的角色扮演

在任务前阶段,也就是分组讨论阶段,英语教师不仅需要充当知识传播者的角色,还应担当教学任务监控者的角色。他们应该辅助和支持学生,让学生自己完成交际任务,避免过多提供语言上的帮助。实际上,任务前阶段是一种协助性参与的阶段,英语教师可以采取纠正发音、协助完成任务等方法。

在这个阶段,英语教师的正确做法是站在辅助的位置上观察和鼓励学生。如果在某个小组中,某个英语词汇的使用频率过高,英语教师可以提示相应的目标语。如果某个小组因为目标语的语言知识储备不足而出现交际困难,英语教师可以帮助他们走出困境,但需要适时离开。然而,英语教师也不应过于参与小组的任务教学,因为这样学生会不断向教师提问他们不知道的单词,而不是通过自己的思考来解决。这种情况对于培养学生运用现有语言知识和独立与他人沟通的能力是不利的。

在布置完教学任务后,作为协助者的角色,英语教师应注重观察而减少干预。需要注意以下几点。首先,英语教师需要随时检查各个小组是否按要求进行小组教学任务,并清楚了解任务目标。其次,英语教师要鼓励不同水平的学生参与教学任务,不能忽视语言基础薄弱的学生。对于英语基础较差的学生,应积极鼓励他们参与小组讨论。第三,容忍学生在语法和词语搭配上的错误。第四,只有在学生的主体交流遇到困难时,英语教师才需要打断他们并帮助他们走出困境。第五,观察哪些学生在小组活动中发言较多,扮演较重要的角色;是否有学生被忽视,不发表意见。如果出现这种情况,下次可以重新分组或给小组成员分配特定角色,以实现学生之间的平衡互动。第六,注意小组讨论是否从使用目标语言转为使用母语,以确定其发生的原因。第七,注意记录时间。

2.英语教师在任务中阶段的角色扮演

任务中阶段是学生准备报告结论的阶段,在此阶段英语教师的主要角色是充当语言的咨询者,帮助学生进行构思以及总结结论,以能够更为准确地表达他们的真实想法。以下是对英语教师的几点参考性建议。

第一,在学生开始准备教学任务报告时,英语教师需要确保他们明白报告需要准备的内容及其阐述的中心思想。如果班级人数过多,英语教师可以先集中帮助某几个小组,然后下一次再帮助其他小组,以确保每个小组都能得到适当指导。

第二,如果有的小组没有任务可做,英语教师应适时给予帮助,但这种帮助应该是根据学生的需求而提供的,而不是强加于他们。英语教师应始终记住,让学生自己解决问题而不是直接告诉他们如何解决问题,这样可以获得最佳的英语学习效果。报告准备阶段是鼓励学生自主学习的绝佳机会。

第三,在任务小组进行报告准备时,英语教师应对学生的独到见解和语言创新使用给予简明扼要的点评。

第四,如果学生向教师提出建议,教师应以欣赏的口吻,在报告的篇章层面上提出建议。例如,可以这样评价:"这一部分写得不错,如果你们加上一个过渡句就更好了,这样可以帮助听者或读者更准确地理解你们的意思。"

第五,如果学生要求教师对其准备的报告进行修正,英语教师应有选择地指出学生存在的错误和不足,如一些词不达意的错误。英语教师可以要求学生解释他们所要表达的意思,并一起探讨多种表达方式。此外,教师也可以指出其他同学在听报告时可能会注意到的错误。

第六,在英语语法方面的错误上,教师应尽量让学生自己纠正。教师可以在用错介词和形式上有错误的动词下面加点以引起学生的注意。

第七,英语教师应鼓励学生对任务报告草稿进行反复校正和精选提炼。

第八,英语教师应适时提醒学生还剩下多少时间。如果在规定的时间内大多数学生仍然未完成报告,教师可以考虑将小组报告作为下一节英语课的第一项内容延迟进行。这样做的好处是,学生在此之前有时间反复思考和精选提炼小组报告。实际上,学生对某一问题进行不断酝酿也是英语语言学习成功者所采用的方法之一。然而,一旦大多数小组基本完成报告准备,就应结束这一阶段,让学生准备开始小组讨论结果的报告。

3.英语教师在任务后阶段的角色扮演

在任务后的阶段,即讨论小组报告结果的阶段,英语教师在担任主持人的角色时需要执行以下任务。

第一,教师需要简要介绍教学任务的各个环节,并明确学生在听报告时需要关注的重要信息以及该信息在报告结束后的用途。

第二,在听取小组报告时,教师应默记一些值得评论的要点,以备在总结时使用。如果学生期望教师在语言使用方面提供反馈,教师应同时记下他们使用得当的表达和需要纠正的错误。在小组报告过程中,教师不应打断学生或纠正他们的错误,以避免挫伤学生的积极性。

第三,教师需要合理掌握时间。如果班级人数众多,教师可以选择几个小组进行汇报,而将其他小组的报告留到下一次进行。当然,在小组准备报告的阶段,教师不应告诉学生哪些小组将被选中进行报告。

第四,如果小组报告的内容出现重复现象,教师应提前结束这一教学环节,但首先要询问还未进行报告的小组是否有不同或独特的观点可以补充。

第五,给最后的教学任务总结留出足够的时间。

(五)任务教学法各步骤实施过程中需注意的相关问题

1.了解英语课程标准对所教学段或年级的要求

英语教学任务的设计,首先要依据英语课程标准的要求,以培养学生英语语言的实际应用能力为出发点。

2.确定实施英语教学任务所需要的语言内容

在确定实施英语教学任务所需的语言内容时,需要以本节课的具体英语教学目标和教学内容为基础,将输入内容与学生的需求相结合。

3.制订教学任务活动计划

制订教学任务活动计划的首要任务是根据大学生学习英语的态度、年龄、性格特点和目前的水平来确定英语教学任务的活动目的,包括知识和技能的具体目标。接着选择适合的活动类型,如信息传递、推理决策和观点阐述,并设计相应的活动步骤。这项工作类似于编写脚本,需要考虑周全,细致入微,以便于解释和实施操作。

4.英语教师和学生要进行明确的角色定位

根据在执行该任务的过程中的相关信息,英语教师和学生的角色必须与之相匹配。

5.考虑英语教学活动的组织形式及学生上课座位的安排

在考虑英语教学活动的组织形式和学生上课座位的安排时,应该思考活动中是否需要重新组合或者有离开座位的情况,同时需要考虑行动路线和调动速度。这项工作类似于编写舞台场记,旨在使课堂活跃而不混乱,内容丰富而紧凑。

6.考虑英语教学任务对活动的监控方式

英语教师需要选择适当的方式和位置,密切关注英语课堂活动的进展情况,以便及时提供指导或对活动内容、组织形式和时间进行调整。然而,在具体的教学任务活动中,英语教师应尽量避免干扰学生的活动,让他们有发挥和创造的空间。正确处理监控方式可以使活动顺利、高效进行;而处理不当则可能影响学生的情绪,干扰活动的正常进行。

第二节 任务教学模式的条件与原则

一、高校英语教学中采用任务教学模式的条件

英语学习过程也是学生外语能力动态发展的过程,在每个学生不同的发展过程中,英语教师都需要应用不同的教学手段和方法。当英语学习者进入中级阶段,通常会感觉英语学习进入困难期,很难继续取得突破,若能顺利通过这个"发展瓶颈期",学习者就能进行有效交际,甚至能从事外语研究工作。当然,这需要专门进行训练。如以小学、中学、大学不同学习群体来划分的话,每个阶段学习者的语言水平和认知水平都有明显差异,所采取的教学手段也会不同。从目标、内容、方式等诸多方面来讲,任务教学法可以应用到高校英语的课堂教学中。

(一)从英语语言学习者的角度分析

从高校英语教学的实践来看,初高中阶段英语语言知识的积累是个十分重要的过程。及至学生从高中进入大学,语言基础好的学生不一定会表现出较强的语言表达能力和交际能力,但随着英语学习的深入,可以发现,具备较强的交际能力的学生一般需要比较好的语言基础。也就是说,语言基本功是发展交际能力的前提。到了大学阶段,英语学习者已具有相当的语言知识,具备了一定的语言能力,从学习者掌握的词汇

量看,通过基础教育阶段的英语学习,部分学生已经具有比较丰富的且能基本满足日常交流的词汇,但受中学应试教育和滞后的英语教学手段的制约,大学生的交际能力完全未能得到发展,他们的英语语言交际能力依然十分有限。

作为现代大学生,能用英语进行交际是他们学习英语的重要目标之一,加之大学生已经具备了一定的英语语言能力。因此,通过任务教学法展开讨论,组织发表意见的课堂活动,不仅具备了可能性还具备了必需性;同时,大学阶段的英语教学目的更注重发展学生的自学能力,完成课堂教学任务需要查找信息、分析信息,从而提取有效信息,这对发展大学生的自学能力无疑是有好处的。同时,大学生有充裕的课外时间,他们可以大量阅读外文书籍,而资料查找、报告撰写等活动可以留在课后进行。依据课文题材,选择恰当的任务教学法,有助于英语教学目标的实现。

(二)从英语语言学习的角度分析

1.分析英语教学的语篇单位

现有的高校英语教材一般以语篇为基本单位,以课文为单元设置。从语言学习的角度出发,为进一步促进学习者英语语言知识的积累,就应该使输入的内容满足学习者的基本需求,即有利于学习者认知能力的发展以及理解能力的输入。为了使大学生能够从英语语言的意义出发来理解英语语言形式,把英语语言形式的学习视为达到交际的一种手段而并非形式主义,英语教学最佳的教学方式就是以语篇为单位进行教学。在英语教学单位上升到语篇时,对英语语言交际意义的关注就大于语言形式,这已为英语交际教学法所印证。任务教学法是交际教学法继续发展的表现形式,其注重于英语语言意义的教学而非语言形式的机械训练,并为高校英语教学的语篇教学体系同任务教学法相契合提供助力。

2.分析英语课的教学方式

互动性是任务教学法的本质特征之一,实现真正的互动性课堂教学是提高英语课堂教学质量的重要环节,互动不仅仅是信息传递,更是信息理解和加工的过程。在互动中,教师不断为学习者创造运用语言的机会,这对打破传统综合英语教学模式来说是个重要手段。综合英语教学过程中,学生对语篇的理解需要反馈,对新的语言结构和形式的掌握需要运用。综合英语教学不是单纯的输入型课堂,因此任务教学法需要适合高校英语课程教学体系。①

3.综合英语课的输入语料

目前各高校英语专业使用的教材课文均选取各自国家的新闻、社论、文学经典作品以及学术文献等真实语言素材,涉及的话题比较广泛,主要包括社会生活、经济发展、医学问题以及环境保护等领域。可以说,综合英语课文的输入语料向学习者展示了丰富的社会文化。真实的语料选择有助于培养学习者的文化意识,这是英语学习的重要目标。任务教学法的基本原则之一就是语言材料的真实性,二者在这个关键点上是吻合的。

二、高校英语教学中采用任务教学法的原则

(一)真实性原则

英语任务教学法的核心思想是通过模拟社会和生活中实际语言运用的各种情境,将语言教学与学生未来日常生活中的语言应用相结合。为了实现这一目标,英语教学任务的设计需要提供真实的场景,让学生在这些真实的情境中完成英语交流任务。这样做可以促使学生对英语语言的理解和运用,并帮助他们建立与目标语言的联系,通过内化英语语言的方式主动构建意义,对中介语言进行改造和重组。因此,真实性原则要求在设计教学任务时,所使用的输入材料应来源于真实生活,同时教学任务的情景和具体活动应尽可能贴近真实生活。

(二)连贯性原则

连贯性原则涉及任务之间的关系以及教学任务在课堂上的实施步骤和程序,即如何确保设计的任务在实施过程中于教学和逻辑上保持连贯和流畅。任务教学法不仅仅是指在一堂课中穿插一两个活动,也不是指

---

①李锶.大学英语教学的多元化任务教学模式建构[J].辽宁科技大学学报,2013,36(02):197-200.

一系列活动在课堂上毫无关联地堆积。实际上,任务教学法是指通过一组或一系列任务的履行来实现英语教学目标。在任务教学法中,一堂课或一个任务的若干子任务应相互关联,具有统一的教学目的或目标指向,并在内容上相互衔接。有学者曾提出"任务依属原则",即课堂上的任务应以"任务链"或"任务系列"的形式呈现,每个任务都以前面的任务为基础或出发点,后面的任务依赖于前面的任务。这样,每一堂课或每个教学单元的任务系列构成了一个教学阶梯,使学习者能够逐步达到预期的教学目标。任务的顺序可以多样化,例如从接受性技能到产出性技能,或从预备性任务向目标性任务过渡等。

(三)针对性原则

作为高校英语教师,我们应该承认并尊重学生个体之间客观存在的差异,针对每位学生的个性特点和学习能力,以人为本,因材施教。在设计教学任务时,英语教师需要仔细分析每位学生的实际英语水平,选择与其水平相近的输入材料,并根据他们的语言运用能力制订相应的激励性教学模式。大学生在任务完成过程中需要运用主观能动性进行思考、分析和提问。随着任务的完成,他们逐渐掌握和理解语言。如果教学任务的难度设置过高,会导致学生产生恐惧和排斥心理;如果设置过低,会让学生感到无聊和缺乏任务完成的满足感。因此,英语教师需要选择更适合在有限的课堂条件下完成教学任务的教学方法。同时,不同学生对任务教学法的接受能力也不相同。因此,高校英语教学任务的设计应具有灵活性。有些学生习惯于传统的教学模式,需要教师将任务教学法与传统教学方法结合起来,逐步引导他们接受任务教学法;而对于其他学生,可以更快地引入任务教学法,让他们从任务中获得更多的学习体验。

(四)互动性原则

互动性原则是任务教学法中的重要原则之一。任务教学法强调学生在任务完成过程中的主动参与和互动。任务的设计应该能够激发学生的学习兴趣和积极性,鼓励他们与教师、同学之间进行合作和交流。任务教学法倡导学生之间的合作学习和互助学习,通过小组讨论、角色扮演、合作完成任务等方式促进学生之间的互动。在任务的实施过程中,教师应该扮演引导者和指导者的角色,鼓励学生之间的交流和合作,并及时给予反馈和指导。互动性的任务教学法有助于学生主动参与到语言使用的过程中,提高他们的语言运用能力和交际能力。

我国近年来英语教育事业的发展,为任务教学法的实施提供了坚实的基础和更广阔的舞台,亦使任务教学模式在部分高等院校的英语课堂中实施后,取得了较好的社会反响。但与此同时,传统的教学模式的影响仍然比较深远,一时难以消除,有待更多的高校英语教师不断钻研,积极探索在高校英语教学中实施任务教学法的可行性途径。

第三节 任务教学模式的策略与阶段

一、高校英语教学中实施任务教学模式的策略

(一)基于网络技术,加快高校英语课程信息化整合

通过运用网络技术,提升语言运用能力。网络技术提供多样手段、开放内容和虚拟情境,教师可以利用多媒体创造学生所需的英语语言环境,进行语言实践教学。对于词汇学习,英语教师应鼓励学生利用网络提高阅读能力。学生要学会在网络资源环境下扩展词汇量,超越机械的词汇记忆,形成英语思维和语感。在培养语言交际能力方面,教师可以指派网络英语电影观赏和英语歌曲试听,以寓教于乐的方式,让学生感受英语思维方式,避免中式英语的产生,提升语言运用能力。

利用网络技术整合课堂教学模式。在网络环境下,教师应进一步开发结合阅读、写作、口语练习和自主学习的教学模式。阅读和写作课程可以采用大班制,在多媒体教室进行,旨在培养学生的阅读和写作技能;口语课程则采用小班授课,在语音室进行,培养学生的听说能力;自主学习则以网络信息为支持,在多媒体教室或电子阅览室进行,学生结合在听说和阅读写作课程中所学的内容,自主选择和阅读,实现个性化和自主式学习。

为了更好地开展自主学习,高校应设立专门的英语自主学习机房,引入先进的英语自主学习系统,确保学生有自主学习的时间,并实现与系统的人机对话,通过系统化的评估不断提升学习成果。所有学生都应有学习成绩记录,教师结合学生的学习情况对课堂进行分类指导,提高学习效率。

(二)革新英语教学理念,加强英语思维训练

与传统教学理念相比,新的英语教学理念的核心在于培养学生的综合英语应用能力。因此,英语教师需要重视"语言运用"概念,并注重培养学生的自主学习能力。新教学理念在整体课程框架中引入情感、策略和文化的元素,注重培养学生的兴趣、态度和自信心,将学生学习策略与健全人格的形成作为英语学习的重要目标之一,并注重学生智力开发和智能培养。新英语教学理念的最终目标是让学生了解各国文化差异,培养爱国主义精神,增强全局意识,为学生的发展和终身学习奠定坚实基础,这体现了高校英语教学理念以人为本的原则。

作为高校英语教师,需要转变传统的英语教学理念,加强学生的思维训练,提高学生实际应用英语的能力,培养学生的创新思维能力。英语教师可以采用以下方法。

1. 提倡探究式学习

鼓励学生主动参与学习过程,提出问题、探索答案,并运用英语表达自己的观点。教师可以设计一些开放性问题,引导学生进行思考和讨论,培养他们的批判性思维和创造性思维能力。

2. 引导学生进行跨学科思维

鼓励学生将英语与其他学科进行关联,培养他们的综合应用能力。例如,可以引导学生阅读英语科技文章、社会科学论文等,以拓宽他们的知识领域和视野。

3. 提供真实语境

将英语教学与真实生活情境相结合,让学生在实际交际中运用英语。可以通过模拟真实场景、角色扮演、辩论赛等方式,让学生主动运用英语进行交流和表达。

4. 鼓励学生进行创意写作

培养学生的写作能力和创造力,让他们通过写作表达自己的思想和观点。教师可以提供刺激性的写作话题,鼓励学生进行想象和创作,并给予积极的反馈和指导。

5. 利用技术工具提供个性化学习

借助各种英语学习应用和在线资源,为学生提供个性化的学习支持。教师可以推荐适合学生水平和兴趣的学习材料,提供在线练习和评估,帮助学生自主学习和提高。

通过采用这些方法,英语教师可以促进学生的英语思维训练,培养他们的创新思维和综合应用能力,使他们能够更好地运用英语解决问题,适应现代社会的需求。

(三)明确英语教学目标,加强实践训练

英语是一门语言学科,学习语言的最终目标是应用。因此,高校英语教学应注重实用性和应用性,强调实践训练,通过实际语言操练帮助学生牢固掌握英语知识,并提高他们的综合应用能力。为了突出英语的实用价值,教学内容和活动应注重真实性,培养学生学以致用的能力。作为高校英语教师,我们需要明确教学目标,真正理解高校英语教学的本质,并重视培养和提高学生的实践应用能力。

此外,在这一基本原则的指导下,英语教师应帮助学生达到英语教学大纲的要求,重点培养学生的综合运用能力,使他们能够熟练运用所学知识进行交流。综合运用能力包括英语语言知识和英语交际能力。英语语言知识涵盖单词、语音、语法等方面。英语交际能力包括学生在听、说、读、写等方面的能力。虽然大部分学生掌握了丰富的英语语言知识,但他们在实际运用能力方面缺乏训练。因此,英语教师需加强实用性语言训练,确保至少90%的学生具备英语交流能力,至少70%的学生能够用书面语进行交流。这些目标需要通过实用性英语教学来实现。作为高校英语教师,我们必须理解高校英语教学的规律和实质,制订适合学生发展和需求的教学目标,同时注重培养学生的实践能力,全面提高大学生的英语水平。①

(四)完善评价方式,科学反馈成果

教学评价是教学过程中的重要组成部分,用于教师检测学生学习成果并提供反馈意见。有效的教学评价有助于学生发现英语学习中的不足和问题,并及时进行纠正和调整,帮助学生找到正确的学习方向。在传统教学中,通常采用测试法进行评价,但这种方式没有充分考虑学生的个体差异,不符合因材施教的教学理念。学生是教师和学校评价的具体对象。

在实际学习中,每个学生都具有不同的认知风格和学习方式,而且每个阶段的进步和发展也不一致。因此,在新形势下,我们必须改变评价原则,教师需要创新传统的教学方式,根据学生的实际特点选择适当的评价方式,并制订不同层次的评价目标。采用定性评价和定量评价相结合的方法,检验学生在基础知识、语法技能、口语表达、应用能力等方面的学习情况,及时了解学生的学习动态,激发学生的主体意识,促使他们进行积极的自我评价。通过评价,每个学生都能对自己有一个正确的认知,从而建立信心,更有效地掌控自己的学习过程。这种层次不同的评价体系注重的是学生最终的学习成果,关注学生在学习过程中的进步和体验,使学生逐渐成为评价的主体和积极参与者,进一步促进学习的主动性和参与性。

此外,高校英语教师应采用形成性评价和终结性评价相结合的方式,不仅关注学生的最终成绩,还关注学生的作业态度、技能水平和实践能力,根据学生的综合表现进行综合评价。因此,只有改革传统的教学评价方式,不断采用当前倡导的新评价方式,英语教师才能科学地反馈教学成果,保护学生的自信心,使学生在不同程度上获得提高和进步。

(五)合理设置英语课程,激发学生英语学习兴趣

高校英语课程的传统分类是按照单元进行划分和教授,每个单元被视为一个独立的部分。然而,高校英语课程结构改革的方向应该是采用模块式教学,以增强课程的综合性、独立性和灵活性。不同城市、地区和

---

①董元元.大学英语任务教学法:理论与实践[M].北京:光明日报出版社,2018.

高校可以根据当地的学情和资源整合课程内容；英语教师可以根据学生的实际情况调整课程内容；学生可以根据自身需求选择适合自己水平的学习内容。对于不同等级和层次的教学目标，只需提出基本规范和要求，不必要求各高校采取统一模式。这样，每个阶段和每个学校在英语课程实施中更具指导性和目的性，有助于提高英语教学效率和多样性。

此外，高校英语课程的科学合理设置需要专业人员的参与，也需要师生的共同参与。只有明确专业需求，才能根据学生的实际情况合理设置课程。英语教师可以根据学生的个体差异进行分级教学，例如从基础英语逐步过渡到行业专业英语，从必修课程逐渐过渡到选修课程。只有不断丰富教学内容，采用多元化的课程设置方式，英语教师才能促进英语教学模式的变革，激发学生的学习兴趣，调动学生参与英语课堂的热情，让学生在打牢英语基础知识的同时，有更多精力参加英语选修课程。

从高校的角度来看，选修课可以涵盖听力、口语交际、写作、翻译等多个方面，并引入歌曲、影视、诗歌等形式，以吸引学生的注意力和学习欲望。在高校英语教学中，除了广泛开设必修课程和选修课程，还可以邀请企业家来校宣传工作经验和创业史，让学生了解最新的社会和行业动态，掌握社会对人才的需求，帮助学生树立正确的职业观和价值观。

此外，高校应经常组织各种英语演讲比赛、英语小品大赛、英文歌曲大赛以及英语节日等活动，通过这些活动调动学生的参与热情，满足学生的求知欲望。实践证明，通过丰富多彩的英语实践活动，可以使原本单一乏味的英语课程变得生动有趣，让学生在寓教于乐的过程中提高英语综合素质。

二、高校英语教学中应用任务教学模式的基本阶段

根据对任务教学法的理解并结合高校英语教学经验，任务教学法适合于高校英语语言产出性技能的教学，即说与写的教学。任务写作教学应包括以下三个阶段。

（一）任务写作前期

在任务写作前期，英语教师需要提出具体的写作任务和要求。语言准备活动可以分三步进行：第一步，教师先示范或讲解学生要完成的写

作主题或任务,选择的主题应该是所有学生都相对熟悉的,例如求职信、实验报告、感想、笔记等,这样他们就能有足够的思想内容来表达。第二步,根据不同的任务,提供不同的英语写作素材和语言形式,以激发不同背景知识的语言信息,给学生提供在课堂上运用真实语言的机会。第三步,在学生之间和师生之间,进行教学任务的意见交流、策划方案、选择方法、寻找信息等。

(二)任务写作期

这一阶段的任务首先是学生会在特定的时间内独立完成给定的题目,进行实际创作。然后,学生会以个人或小组的形式讨论以下问题,并共同制订讨论文稿,为后续的汇报做准备:①我想要写什么;②我的目标是什么;③我对这个任务的态度如何;④我对这个主题的了解程度;⑤我对这个题目感兴趣的方面是什么;⑥这个题目中最重要的是什么。

通过讨论,学生在课堂上分享他们的写作目的、观点和方法。最后,选出几名代表来汇报各小组的讨论结果。在汇报时,除了关注上述问题,还需要注意英语语言的准确性和流畅性。在这个阶段,英语教师只需要充当观察者或助手的角色,提醒学生注意某些表达形式与意义的关联,以帮助他们顺利完成任务。

(三)任务改写期

任务改写期的课堂活动可以分为三步:第一步,英语教师引导学生一起讨论他们的作文。教师会首先分析学生的汇报,提出评判标准,涉及文章的主题、例句、观点等方面。然后,根据这些评判标准对学生的作文进行评价。教师还可以利用质量不同的作文,让学生自己进行评判,并形成一致的评价标准。第二步,两两或小组交换初稿,并根据评判标准修改或改写初稿。同伴的反馈和评估对学生非常重要,可以帮助他们内化一些评判标准,并提高他们独立评判他人和自己作文的能力。第三步,英语教师针对学生作文中出现的一些问题进行语法练习,对英语语言形式进行复习与巩固,使学生的作文在意义和结构上更准确、流畅。

英语教师在高校英语教学过程中,可以根据具体情况灵活地运用和实施上述教学步骤,以达到最佳的教学效果。英语教师在运用任务教学法时,要注意以下几点:第一,任务教学法是以主题单位来组织教学。第二,在英语教学任务的具体实施过程中,教师需要注意对意义和语言形式之间的尺度进行合理把握。英语教师如果忽视教学任务内容,会导致教学任务执行的过程变成语言形式的机械操练,以致教学任务缺乏现实意义;同时,如果忽视语言形式,就难以促进学习者的中介语言能力的发展。所以,英语教师忽视任何一边都会使任务教学法失去其真正的教学意义。第三,在英语教学过程中,选择教学任务时要有一定的难度且兼具一定的复杂性。因为教学任务过于简单会使大学生感到厌倦,最终不利于其英语学习。有组织的任务可使有限时间内的语言学习更有效率。第四,教学任务难度的设计要遵循循序渐进的原则。教师在设计任务时要对任务的难度进行分级和排序,以适合学习者的认知发展水平。

为此,任务的难度设计要考虑以下三个因素。

第一,任务困难程度,指教学任务能够展示、诊断或者解释学生的语言能力和语言知识的程度(即语言难度),能够提供可以观察和反馈的程度(即活动因素),学生有开展这个活动的语言基础并能发现自己学习所需要的程度(学习者的因素)。任务困难程度也是学生能够自己找出问题并解决问题的程度。

第二,任务实施程度,指教学任务所需要的资源,任务实施过程中的组织和管理的复杂程度、任务的可调适度等方面,允许用不同的方式完成教学任务,允许教师和学生对任务的表现和结果做出评价,允许学生进行自主学习以及用足够的时间和空间进行思考,保证教学任务有不同程度的成功,进而保证适合大多数学生均能够完成。

第三,任务综合程度,指教学任务与其他社交、社会、工作、生活等学习、工作、生存技能相互融合的程度。学生培养的是真实社会的交际技能,而不能仅仅局限于课堂的技能。学生参与的活动形式应该是多种多样的,从中应该学会选择学习什么,何时学和怎么学。学生可以为不同的教学目标在不同的场合创造性地运用语言。大学生能够接触到真实的语言材料,将课堂内的语言学习与外界应用有机结合起来。唯有这样,学生才能有教学任务的亲身体验,才能有机会综合应用听、说、读、写等英语语言技能和学习技能。

第四节　任务教学模式教学实践

一、任务教学法在高校英语口语教学中的运用

(一)高校英语口语任务教学法的任务设计

高校英语口语教学活动中的第一个步骤是任务设计。对于此环节,英语教师在英语教学中可以利用与学生的语言热身,同时,结合任务情境的设计来吸引学生的注意力。进行英语语言热身的主要目的是让学生能够尽快地投入英语口语的练习中,调动学生进行英语口语交流的兴趣和积极性。在语言热身的方式上,英语教师可采取讲解名言名句、新闻点评、学说绕口令、谈历史上的趣闻逸事等方式。当然,对于英语基础较好的班级可采取课前五分钟话剧表演的形式来帮助学生进行语言热身。任务情境的引入主要是借助教师的指导来完成,学生从网络或是图书馆搜寻一些与主题相关的背景知识,帮助学生回忆以前学过的词汇或短语。通过学生在课下提前完成一部分教学任务,增强学生的自信心,为任务教学法的第二阶段奠定基础。需要注意的是,英语教师在布置情境任务时,一定要把握好活动中的主题、内容、步骤,遵循真实性、可行性等任务布置的基本原则。

(二)高校英语口语任务教学法的开展

任务开展是任务教学法在高校英语口语教学运用中的中心环节和关键步骤。在教学任务开展阶段,英语教师需要根据前一阶段的任务导入情境,来向学生开展英语口语训练活动。在英语口语交流中,学生始终是交际沟通的主体,英语教师必须转变传统的教学模式与方法,将交流的主动权交给学生,为学生的语言实践提供更多的机会,从而使学生在完成教学任务的过程中提高自己的语言技能。一般来说,完成任务时主要是要求学生以小组的形式来完成。在任务教学法分组过程中,英语教

师要根据学生平时的学习状况、知识掌握的情况、语言能力等进行各层次水平的分类搭配,使优秀学生与较差学生之间能够通过语言交流达到相互促进的目的。为了提高大学生进行英语口语交流的积极性,英语教师可在其中扮演一定的角色。

任务教学法的开展阶段具体可分为任务实施、任务汇总、任务报告等三个环节。在任务实施环节中,学生可以小组为单位,相互提问或进行询问、交流与讨论,此时英语教师处于学习帮助者的角色。为了使每一个学生都能参与其中,英语教师需要帮助英语基础比较差的学生减少心理压力,让每位学生都开口讲英语。对于学生在口语交流中出现的发音错误、口语用词错误等口语交流方面的缺陷,英语教师即使发现了也不要立即予以纠正,要让学生在错误中发现自己的问题,指导性英语口语的学习必须经过一次次的错误。也只有这样,英语教师才能真正帮助学生突破英语语言的学习障碍。

另外,在任务开展阶段,为了防止学生出现错误,英语教师可提前为学生准备一些关键词、句型、习惯用语等基础信息。任务开展环节完成后,就进入任务汇总环节。在此环节,各小组根据本组的讨论结果进行协商,最后确定由一名学生或几名学生进行书面或口头的报告。最后一个环节是报告任务,各小组之间通过交流来汇报本小组的任务完成情况,向全班展示本小组的实施成果。

(三)高校英语口语任务教学法的巩固

任务教学法的巩固是任务教学法的最后一个阶段,主要用于总结学生口语课的学习内容。任务教学法的巩固阶段可分为语言练习、任务拓展两个主要的环节。此外,这一阶段是课堂教学任务的延续,这个阶段的实施能使学生的注意力从对语言的处理转变到对语言的运用。教师可依据学生在课堂练习中出现的不恰当的语言表达方式,在课下的语言练习环节中进行督促与改进。具体而言,英语教师可以要求学生运用朗读英语句子、朗读英语小短文、表演自己喜欢的角色等方法来加强对英语语言的练习。在拓展环节中,英语教师可根据课堂内容的主题,结合学生的实际语言基础布置书面作业,巩固英语语言学习的内容。

总之，实施任务教学法可以为枯燥、沉闷的高校英语口语课堂带来生机与活力。同时，实施任务教学法也能够提高学生的口语表达能力，进而增强学生对于高校英语的学习兴趣以及英语综合运用能力。

二、任务教学法在高校英语阅读教学中的运用

（一）阅读前阶段

在任务教学法中，高校英语老师首先应该发挥自己布置学习任务的作用，在任务内容的设计上要充分展现出英语阅读所要涉及和掌握的知识，同时也要根据学生们的实际需求以及知识的掌握程度，在任务的设计上要能够充分调动学生英语阅读的兴趣以及积极性。在阅读任务布置之后，老师要向学生们讲述此次阅读任务所要达到的要求和目标，让学生在完成阅读任务的过程中清楚地明白自己所要达到的要求和目标。[1]

在阅读任务实施的过程中，老师要将学生分成不同的小组，让他们以小组为单位去完成阅读任务，在任务完成的过程中如果出现不懂的问题，小组之间去收集和整理相关的资料，如果还是得不到解决，那么就可以向老师或者其他小组的同学请教，直到将问题解决掉。此外，老师也可以将阅读任务分配给一个小组的同学，让他们自行解决，遇到不懂的地方可以向老师请教，等到问题解决之后，再由这个小组的学生向其他同学进行讲解，或者让其他小组的学生对他们进行提问，这样既有利于学生归纳总结能力的培养，也有利于提高他们之间团结合作的能力。

学生在收集资料的时候可以借助于教科书、辅导书或者相关的网站，老师也可以向学生们提供一些相应的参考资料。而且老师在布置阅读任务之后，应该积极地引导学生从什么方向去收集相关的资料，让学生有一个明确的方向，知道应该怎样去学习，懂得学习的技巧和方法，为以后阶段的学习奠定良好基础。此外，在阅读前的阶段，英语教师会介绍阅读任务和完成任务所需的要求，并简要介绍必要的阅读策略和技巧。同时，教师巧妙地引导学生联想与课文相关的背景知识，激活他们已有

---

[1] 邓琳. 大学英语跨文化交际教学中任务教学模式的应用[J]. 文教资料, 2019(27): 222-234.

的知识,并激发他们的兴趣和好奇心以继续阅读。教师还会组织一些与话题相关的词汇的头脑风暴活动,并引导学生对阅读题目进行预测等准备活动。

(二)阅读中阶段

在阅读中阶段,应该注重加强学生的英语阅读能力,并最终提高学生对英语的理解能力,从而使他们的英语综合运用能力得到提升与加强。在任务教学法中,不论是在文章的内容上,还是内容所要表达的思想上,都可以加强学生对它们的理解程度。学生在阅读任务的完成过程中,除了需要强化自身对文章内容的理解之外,还应扩大自己的想象空间,并提高学生学习的自主性。学生在与其他小组进行英语语言交流沟通的过程中,其口语表达能力以及交际能力均将得到提高。

英语教师可以将阅读任务分配给小组,让小组成员在团结互助、讨论协商的过程中提升阅读能力。这是任务教学法中的关键阶段。学生在完成任务时秉持的原则是积极理解和欣赏阅读材料。教师设计的阅读任务旨在培养学生熟练运用阅读策略和技巧、培养理解和鉴赏能力等。课堂活动包括略读、查读、找出主题句和段落的核心思想、分析课文结构或段落发展模式、根据上下文猜测词义、详读、解决问题、复述、表演等。通过这些活动培养学生的阅读理解和欣赏能力。学习语言的最终目标不仅仅是掌握语言形式和知识,更重要的是要运用语言。

高校英语阅读课涉及的文章体裁基本上有四种,主要包括议论文、说明文、记叙文和描写的文章。有的文章是夹叙夹议,有的是论说文,描写文大多包含在记叙文中。议论文有三要素:论点、论据和论证;说明文通常是以一定的顺序告知人们什么事情;记叙文有六要素:时间、地点、人物、起因、发展、结局;描写包括人物的描写、景色的描写和内心的描写等。根据不同体裁,教师在设计阅读教学任务采用不同方法。这样才能使任务型教学法发挥最好的效果。

(三)阅读后阶段

阅读后阶段是对学生完成阅读任务后的总结和提升,此阶段对于高校英语阅读教学极其重要。学生在完成阅读任务之后,需要用自己的语言将阅读结果表达出来,其中也可以包括个人的想法与见解。在此过程中,英语教师需要协助学生进行总结,为此,英语教师可以充当学生的语言顾问和指导者。

在总结阅读任务的过程中,可以采用口头表达的形式,也可以采用书面表达的形式,或者借助学生彼此之间的相互提问来进行。在学生完成对阅读任务的总结之后,英语老师要及时给予相应的反馈和评价,这样既可以对学生的阅读任务完成情况进行检查,同时,英语老师也可以提出相应的意见。通过阅读任务的总结,可以有效激发学生参与的积极性,进而加强师生间的互动和交流。

在任务教学法的阅读课中,学生一直是课堂的核心,而教师则扮演促进者、帮助者、监控者、任务设计者和组织者的角色。教师通过设计不同的阅读任务,让学生在快乐、和谐的语言环境中学习英语阅读知识,并体验英语阅读的成功和乐趣。在阅读学习的过程中,学生还学会了合作。

任务教学法能够培养学生的综合技能,超越了仅仅学习语言本身。在高校英语教学中,任务教学法的主要目标是培养学生将英语综合应用于真实社会和真实人际交流中,使学生所做的事情与他们的利益、关注和需求密切相关。学生能够感受到他们能够用英语进行工作和交流,并取得可见的成果和进步。基于认知、动机和功能的阅读教学法必将有着广阔的前景。

三、任务教学法在听力教学中的应用

在听力教学任务设计过程中可采用威莉斯(Willis)的任务设计模式。每堂课都采用前任务(Pre-task)、任务环(Task-cycle)和语言知识要点(Language Focus)三段式实施任务型听力教学。三个阶段中,每一阶段又由许多精心设计的分任务构成。

(一)前任务

1.听前预猜

听前预猜是指在听力活动之前,通过从所给的文字材料中获取微观背景知识、建立信息框架和缩小信息结构范围,帮助学生明确所要听的文章的类型、结构和大意,以激活他们相关的背景知识。这可以根据标

题进行预猜或者根据课后练习进行预猜。通过要求学生快速浏览听力材料并从中推测主要内容,他们可以在字里行间获取一些线索。

2. 听前问答

根据听力材料,教师设计一些问题,让学生在听前进行思考、预猜和讨论,激发学生的想象力。

(二)任务环

1. 引导学生识别主题句、关键词和信号词

通过使用各种教学方法和手段,突出主题句、关键词和信号词,帮助学生在理解这些词的基础上把握整篇材料的含义。例如,可以通过让学生重复朗读听力材料、书写主题句、找出关键词,并画出信号词等训练来进行。教师可以利用多媒体、投影仪等工具来进行这些训练。信号词可以从题目选项中圈出,主题句通常出现在文章的开头和结尾,根据经验,需要特别注意转折词后面出现的内容。

2. 引导学生进行听中记录

许多学生在基本听懂材料的意思方面没有问题,但常常在后面忘记前面,并且对细节记忆不清。原因是学生没有养成边听边记录的习惯。因此,英语教师应该培养学生做笔记的能力,将能够概括事物特征和本质的关键词,特别是与人名、地名、时间或数字相关的内容记录下来。还可以传授一些速记方法,培养学生的速记能力,用特定的符号代替单词。

3. 听后解释

在进行听力录音之前,教师不对材料中较难理解的词语、短语和句子进行讲解,只要求学生根据上下文进行有根据的猜测、判断和解释。这样可以测试学生的听力能力,并培养学生用英语进行描述和解释的能力。

4. 听后回答

在听力结束后,英语教师要要求学生从不同角度对听力材料进行分析和阐述。教师可以引发讨论,激发学生的思考,加深对听力内容和语篇结构的理解,培养学生用英语表达观点的能力。这样形成了一个平等且积极的信息交流过程。

(三)语言知识要点

对听力材料中出现的语言知识要点进行反复练习。在英语教学实践中,没有任何教学方法是全能的,每种教学方法都有其自身的局限性。这就需要英语教师在以后的教学实践中,不断探索、深入和完善。

第五章 高校英语多模态教学模式创新探索

第一节 多模态教学模式的概念

一、模式、模态、多模态及其相互关系

(一)基本概念

1. 模式

模式是指有组织、有规律的表达和交流方式,不仅包括静止的图像、手势、姿势、言语、音乐、书写等基本形式,也包括由上述基本形式构成的新的形式。根据社会符号学,模式不仅指表达和交流信息的方式,也指传递信息的符号渠道。在系统功能语言学研究中,模式也用来指"话语模式",即口头、书面、电子、身体动作等交流渠道,任何一种话语模式都是通过某一种媒体表现或者通过几种媒体协同表现的,采用不同媒体可以产生不同的交流模式,模式的使用和变化在一定程度上影响信息的流动和话语特征。以教师"讲课"为例,教师可能一边播放PPT讲义课件,一边口头讲解,一边在黑板上补充板书,甚至配以动作示范,实际上同时使用了言语、手势、姿势、动作、板书、电子等多种交际模式。可见,模式的概念侧重于信息生产的过程和方式,是具有意义潜势的符号资源。

2. 模态

模态是指事物通过特定的模式、方式或形式所呈现的属性或情况。不同学科对模态的分类标准各不相同。在作为信息接收者所感知的话语模式中,模态既是媒体表达信息的结果,也是人们通过感官感知进行交际的结果。在系统功能语言学和社会符号学中,人们通过一系列具有潜在意义的符号进行交流,主要包括语言(文字)、言语(声音)、副语言、图像、肢体动作、音乐等不同的模态。而认知科学则从人类的感知通道出发,将模态分为视觉、听觉、嗅觉、味觉、触觉等感知通道。

对于模态的概念,应该综合上述两种标准,并分为宏观和微观两个层次进行考虑。在宏观层面上,模态以感知通道为基准,指的是信息接收者通过感官对交流模式的感知形式。而在微观层面上,模态则是具有潜在意义的符号资源,是媒体通过交流模式表达信息的结果。在多模态话语研究中,可以先从宏观入手,然后再细化为微观的符号系统。如课堂上学生的阅读行为,从感知通道角度分析,这是一种视觉模态,但从符号资源角度分析,它还可以细化为具有意义潜势的图、文两种模态。随着多模态研究的深入,国内外学者从多角度界定和探讨模态,如根据表达媒体的性质,把模态划分为物质模态、感觉模态、时空模态和符号模态。

3.多模态

多模态指的是通过整合、编排或编织多种不同模式的符号资源而形成一个语篇。从人类感知通道的角度来看,多模态是指同时使用两种或两种以上的模态。

人类在多模态的世界中生活,通常通过多模态方式来感知和交流。举例来说,在课堂上学生学习时,他们一边听老师讲述(涉及学生的"听觉"模态),一边观察老师的动作演示和黑板上的板书(涉及学生的"视觉"模态)。需要注意的是,按照感知模态的划分标准,有些模态可能仅属于单一模态,但涉及两种或两种以上的符号系统。换句话说,按照符号系统数量的划分标准,这些模态也可以被视为多模态的表现形式。例如,报纸上的一篇新闻报道只涉及视觉模态,但它既有报纸的特定版式、色彩、字体,又有新闻的图片和文字。所以,我们通常也把报纸视作多模态的一种形式。

(二)相互关系

1.模式与模态的区别

目前,学术界对模式、模态两个术语的使用比较混乱。一方面,由于两个词在不同学科有不同的使用传统,很难在话语学研究中取得共识;另一方面,模式和模态在一定条件下通常会相互转化。例如,在课堂教学中,"书面"表达模式通常表现为"语言(文字)"模态,口语表达模式通常表现为"言语(声音)"模态,PPT既是表达信息的电子模式也是一种模态组合。

从课堂多模态教学研究的实际出发,应该对模式、模态加以区分,以便准确把握课堂话语的主体特征、主体间性和教师的教学理念,因为模式强调的是信息传递者以及信息的传递方式和意义潜势,重在输出;模态强调的则是信息受体以及信息的认知和解读的结果,重在输入。如果课堂上学生大部分时间仅仅通过听觉和视觉两种模态,很少参与"说""写"和表演等学习交流模式,那就说明这是一节以教师为主导、缺乏交际互动的课堂话语。所以,一堂有效的语言课不仅需要学生运用视、听模态,还要求学生通过充分的口头、书面、电子、身体动作等交际模式,主动参与课堂话语建构。这样,学生在课堂上经常是"边听、边看、边写、边说、边演"。"听"(听到的是言语)和"看"(通常看到的是文字或其他有意义潜势的符号)是学生作为信息接收者的主要模态,侧重于语言输入;而"写"(文字)、"说"(口语)、"演"(身体动作)却是学生的语言输出行为,是学生主动参与课堂话语构建的表现模式。在分析课堂教学话语中,不仅要分析学生作为信息受体的各种"模态",还要分析学生作为传递信息主体的口头、书面、电子、身体动作等交流模式。这就要求话语研究者要动态地把握模式与模态之间的关系,既要从信息流动的角度把握模式和模态之间的转化关系,还要结合不同的语境,根据不同的模态划分标准去分析真实的课堂话语。

2.媒体、模式、模态之间的关联

媒体、模式和模态三者之间主要体现为交流工具、交流渠道、交流结果的关系;同时,它们之间的关系通常比较模糊,相互交错,在一定的语境下,它们还会相互转化,有的模态既是媒体,也是一种交流模式。例如,教师在课堂上通过口头、书面、电子、身体动作等四种话语模式组织教学;学生作为信息受体,在课堂上主要使用了听觉、视觉和动觉三种模态,或者按照社会符号学主要使用了语言(文字)、言语(声音)、副语言、肢体动作等模态。同时,在课堂上,学生也是信息传递者,通常使用多种媒体手段,通过口头、书面、电子和身体动作等交流渠道,进行信息反馈和互动。例如,学生采用"边听边写"的方式,"听"是学生作为信息接收者的模态(听到的是教师的言语),而"写"却是学生的一种再表达,应该归入模式。课堂上教师和学生所使用的媒体、模式、模态种类及其比例,能够反映一节课的话语结构,也能反映这节课的教学模式、教学方法甚至教学效果。

(三)英语课堂教学中的话语模式和模态系统

任何一种话语模式都是通过某一种媒体表现或者通过几种媒体协同表现的,采用不同媒体可以产生不同的交流模式,模式的使用和变化在一定程度上影响信息的流动和话语特征。在英语课堂教学实践中,师生主体的话语模式主要包括口头、书面、电子、身体动作等交流渠道。在教学设计或评价中,不仅要根据不同的教学活动而有所侧重,还要注意各种不同话语模式之间的关联和整合。

在课堂教学中是综合运用不同的身体动作,如"手舞足蹈"就是几个部位协调动作的结果。再如,要求学生根据课文内容编排节目,在课堂上进行表演,这种"扮演角色"就同时调用了口头、动作,甚至书面或电子等话语模式。实践证明,有多种话语模式共同参与的教学活动的教学效果是显著的,所以在教学过程中,教师既要善于运用各种话语模式,促进学生有效的模态输入,还要有意识地组织学生调用各种话语模式,强化输出,改进课堂教学的效果。

学生是课堂学习的主体。作为信息受体,学生在课堂上的主要模态及其使用频率能够反映甚至可以决定一节课的教学模式、教学方法、教学效果。表5-1是结合感觉模态和符号模态,对英语课堂教学中的主要模态系统所做的汇总介绍。

表5-1　英语课堂教学模态

分类		界定	功能与说明
听觉	语音	指对语言声音的听觉感知	是学生听课及互动中接受信息的主要模态
	副语言	指交流过程中用来协助语言传递信息、表达情感、表明态度的非言语行为,主要包括语调、口音、语气、音色、音质、音强、语速、停顿、节奏、填充音、声响等	有利于师生互动和学习情感迁移,强化教与学的效果
视觉	文字	指对师生书写在黑板(白板)上的文字(传统的书面印刷文字)或通过数字手段呈现出来的文字的视觉感知	是学生接受教师传递知识信息的主要模态,也是师生交流互动中的主要模态
	肢体动作	指对教师通过人体各部位的协调活动向学生表情达意的一种话语模式的视觉感知	向学生传递副语言信息、吸引学生注意力等
	图片	指对通过几何线条或几何符号等来描画出物体的轮廓、形状或外部界限的表达形式的视觉感知	帮助学生理解难点内容、吸引学生注意力等
	图像	指对各种图形和影像的视觉感知	帮助学生理解难点内容、吸引学生注意力等
	视频	指对各种储存格式的动态影像的视觉感知	吸引学生注意力、帮助学生理解重难点、丰富课堂信息量等
触觉	触摸道具	指通过触摸教学活动中所用道具所引发的认知效应或心理效应(此处的道具特指在教学活动中被教师赋予特定规则或意义的器物)	激发学生兴趣,产生相应的认知或心理效应,如在教学游戏"击鼓传花"中,"花"这个道具可以被教师赋予如"朗诵一首英文诗"或是"唱一首英文歌"等特定意义
	计算机模拟	指通过触摸计算机输入设备这种感知方式而便于自主学习或学习成果展示	人机互动也是重要的学习模式,有助于学生自主学习、展示学生学习成果
嗅觉		此模态不常用于高校英语的课堂教学中,但会在附感觉和潜感觉中出现	辅助教学

续表

味觉	此模态不常用于高校英语的课堂教学中,但会在附感觉和潜感觉中出现	辅助教学
附感觉	指信息接收者在感受到与媒体直接相关的话语模式基础上,通过其他感官呈现的模态形式。例如,听老师口头讲解《望梅止渴》故事时,学生使用了"听觉"模态,同时产生了对酸梅的"味觉"(附感觉)	这是调动学生学习参与度的一种体现,可以针对某个特定的学习任务,在教学设计中有意识地诱发附感觉模态
潜感觉	指信息接收者在呈现某种模态的同时,潜意识地感受到但未呈现出来的另一种模态形式。例如,听老师口头讲解《望梅止渴》故事时,学生使用了"听觉"模态,同时,在脑海里也浮现出"梅子"的形象(准视觉)(但是学生感受到的"味觉",在外部是可以观察得到的,属于"附感觉")	这是调动学生学习参与度的一种体现,可以针对某个特定的学习任务,在教学设计中有意识地诱发潜感觉模态
视听双模	课堂话语中,主要指"边听边看"视听双模态并用	作为认知负荷理论的重要假设和研究成果,这是积极学习的重要体现,也是语言教学中的重要策略

在高校英语课堂教学实践中,因为课型、教学对象、教师观念和教学模式等方面的不同,各种模式或模态发挥的作用也不尽相同,通常有主次之分。根据多模态研究的需要,将其中处于主导地位的模式称作"主模式",而其他处于辅助地位的模式叫作"辅模式",辅模式对主模式起着强化、补充、调节等作用,各种模式协同地实现课堂教学话语意义。同样,我们也把模态分为主模态和辅模态。例如,英语写作课堂话语的主模态是通过书写模式呈现的文字模态,但也常需要通过视觉(阅读文字)、言语(口语表达)等辅模态强化输入,促进写作教学,即所谓"以读促写""以说促写"的写作课堂教学方法。

二、话语、多模态话语与课堂话语

(一)基本概念

1.话语

话语是一个长期以来被十分广泛地以不同目的用于不同学科和思想

流派的术语,不同学科对话语有不同的理解视角和研究方法。例如,在话语语言学里,话语是指能够完整地表达某种思想或意思的文字或语言,是比句子更大的语言单位。根据超语言学和符号学,话语指的是以表述为基础单位的活生生的言语整体。话语学界和系统功能语言学还常用text("语篇"或"文本")指代话语的概念,不少学者同时使用text analysis和discourse analysis而不作区分。话语、语篇、文本之间的关系本身也是一个非常复杂、颇有争议的问题,我们采用discourse这个话语语言学术语。

2.多模态话语

多模态话语是与单模态话语相对而言的。根据涉及的模态数量,只涉及一种模态的话语称为"单模态话语",例如广播只涉及听觉(言语)模态,一份文字通知只涉及视觉(语言)模态。而涉及两种或两种以上模态的话语则称为"多模态话语"。根据社会符号学的观点,多模态话语指的是在一个交流成品或交流活动中,不同符号模态的混合体。换句话说,在一个完整的话语中,不同的符号资源协同地构建意义,实现交际目的。同济大学教授张德禄通过整合模态的两个不同标准,将多模态话语定义为"运用听觉、视觉、触觉等多种感觉,通过语言、图像、声音、动作等多种手段和符号资源进行交际的现象"。

3.课堂话语

课堂话语是一种特殊类型的话语,指在课堂上教师和学生为了特定的教学目的,通过有组织、有计划的教学事件协同构建的话语。外语课堂话语与普通课堂话语不同,因为在这里,语言不仅仅是一种交流手段,还是学习的工具和目标。因此,在英语课堂话语中,语言和言语始终扮演着主导角色,作为教学媒体、教学模式和教学模态。在英语课堂教学中,文字或口语通常是主要的模态,但也需要通过图像、肢体动作等其他模态来进行补充。

(二)高校英语课堂话语的多模态属性

随着现代信息技术的日新月异和人类交际模式的日趋多样化,话语的多模态现象日益显著,这就是话语的多模态化。话语的多模态化反映了媒体形式的多样性、人类活动的多维性、人脑结构的完备性和复杂性以及人类认知的多模态性。

作为现代话语的一个突出特点,话语的多模态化在课堂教学话语中的表现更加突出。在基于计算机和课堂的多媒体教学模式中,高校英语课堂话语具有典型的多模态属性。这是现代信息技术与高校英语课堂教学整合的结果,也是高校英语教师更新教学观念的结果。为了优化学习者的语言输入,促进语言输出,强化语言交际和课堂互动,高校英语教师普遍采用了丰富多彩的多媒体、多模式、多模态教与学的手段。

在多媒体、多模式、多模态高校英语课堂教学条件下,通过媒体、多媒体、媒体间性的研究,有助于把握新媒体的演变规律,创新课堂媒体形式和文化;通过模式、模态的对比研究,有利于高校英语教师加强课堂教学设计。教师既要充分利用多媒体教学条件,最大限度地调动学生以听觉、视觉等模态为主的多模态学习,促进学生的语言输入,更要指导学生合理使用多种媒体手段,通过口头、书面、电子、身体动作等多种交流模式,强化反馈、互动等输出机制,开展积极、有效的语言学习。

第二节 MAP与多模态教学模式设计原则

一、高校英语多模态课堂教学设计原则模型MAP及其含义

(一)MAP模型概览

为了加强现代信息技术与高校英语课堂教学的整合,现以间性理论为指导,参考多媒体学习认知理论、教育生态学理论和有关教学设计模型,构建了高校英语多模态课堂教学设计原则模型MAP(或称"多模态苹果派")。如图5-1所示,MAP指在多模态教学中,以APPLE(Activation、Presentation、Peer learning、Learning reinforcement、Evaluation)为主要教学环节,贯彻PIE(Productive、Interactive、Engaging),即有效性、互动性、参与度的教学原则。

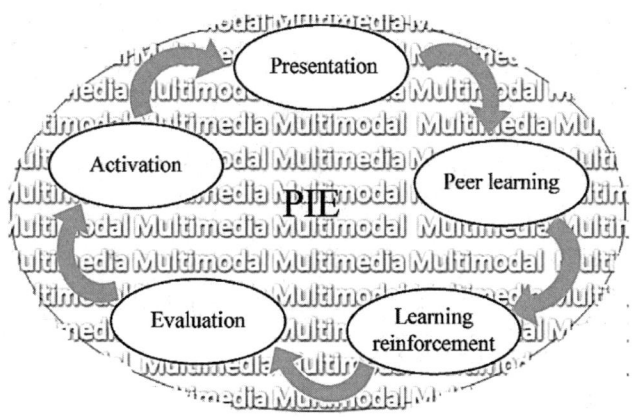

图5-1 高校英语课堂教学设计原则模型"MAP"

(二)M的内涵

该原则模型是针对高校英语多模态课堂教学而设计的。这里的"多模态教学"既指课堂话语的多模态,也包括高校英语课堂教学所需要的多媒体(Multimedia)教学技术条件以及师生在课堂上所使用的口头、书面、电子、身体动作等交流模式。换句话讲,这里的"多模态"实际上涵盖了多媒体、多模式、多模态等"三多"的概念。

在MAP原则模型中,M突出了教学媒体在教学系统四元素中的地位和作用。在高校英语课程的特定教学系统中,由于媒体间性的作用,M远远超越了作为教学媒体自身的功能,不仅武装了教与学的主体(师生),还使教学内容及其载体发生着翻天覆地的变革。在MOOCS(慕课)风靡全球的背景下,教学媒体已经将教学内容与教学主体融为一体。人们越来越注重发挥教学媒体的作用,在多媒体教学技术与外语课程融合的语境下,学术界甚至有人提出了计算机教学技术由"辅助"向"主导"的转向。计算机"主导"语言教学的提法虽然有点过激,失之偏颇,但媒体间性的整合作用确实淡化了教学媒体与教学主体、教学内容之间的界限,如作为大型开放在线课程,MOOCS既是教学内容,更是一个教学媒体智能学习系统,而且作为一个平台融入了教师主体,也正是因为教师主体的嵌入,才显现出MOOCS这种教学媒体中的计算机"主导"性质。所以,从信息与通信技术(information and communications technology,ICT)教学媒体在语言学习中的作用来看,我们觉得使用"促进"比"辅助"更贴切,因为"促进"这个词更加突出了教学媒体对于学习者的意义以及教学媒体与学习者之间的关系。基于上述理解,我们不妨用CELL(computer enhanced language learning)来替代CALL(computer assisted language learning),而CELL在国际学术界也是使用比较广泛的一个术语。另外,从教育生态学的角度,CELL这个术语也暗示着媒体间性的融合作用,教学媒体就像是一个个的CELL(细胞),促进了计算机与语言学习的深度融合,也孕育着外语教育技术学的发展。[1]

需要强调的是,既然MAP模型中的M代表着"三多"(即多媒体、多模式、多模态),那么,它就成为高校英语多模态课堂教学设计的基础,在基于APPLE的课堂教学设计中,必须充分考虑"三多",充分发挥"三多"的作用,有效地促进课堂教学效果。

(三)APPLE 的内涵

在MAP模型中,APPLE代表着高校英语课堂教学的五个基本教学环节或者教学方法,而不是五个固定不变的教学步骤。根据不同的教学实际情况,一节课可以包括所有这些教学环节或者整合所有这些教学方法,也可以只包括其中部分教学环节或者采用其中部分教学方法;既可以按照"A-P-P-L-E"的顺序组织课堂教学活动,也可以根据教学需要重新组织教学流程。如表5-2所示。

表5-2　APPLE课堂教学设计内涵

环节	教学主体	教学活动	教学方法	理论基础
A	课堂导入	教师或学生	问答、讲解、小组汇报等	温故知新导入法、标题导入法、情景导入法、视听导入法、背景知识导入法等	输出驱动—输入促成;跨文化交际学;多媒体学习认知理论;建构主义学习理论

---

[1] 管乐. 大学英语多模态教学模式设计和实验研究[J]. 教育导刊,2016(03):65-69.

续表

P	信息呈现	教师或学生	教学演示、小组汇报等	讲授法、语篇分析法、任务教学法等	输出驱动—输入促成;多媒体学习认知理论;CBI理论
P	同伴学习	学生、教师	结对、小组、角色扮演、辩论、讨论等	任务教学法、项目教学法等	社会建构主义学习理论;输出驱动;情境认知理论
L	学习强化	学生、教师	结对、小组、角色扮演、辩论、人机交互等	结对、小组、角色扮演、辩论、人机交互等	输出驱动;情境认知理论;CBI理论
E	学习评价	教师、学生	教师讲评、测验、问卷等	表现性评价、测验法、问卷法等	形成性评价理论;学习性评价理论;教师行动研究

1.A(Activation):课堂导入

这是基本的课堂教学环节,因教师在教学理念、教学经验、教学对象、教学内容等方面的不同,课堂导入的方法就有很大差异。常用的课堂导入方法包括温故知新导入法、标题导入法、情景导入法、视听导入法、背景知识导入法。根据教师所采用的不同教学模式,课堂导入的教学主体、教学内容、教学方法、时间安排等都会有很大差别。如采用"翻转课堂"教学模式的情况下,课堂导入的前提是学生的课前视频学习。教师根据学生反馈的问题,撰写基于学习反馈的教学计划,课堂导入的教学活动通常就采用问答法,也可以采用小组活动法,要求学生根据老师布置的预习任务进行汇报。

课堂导入是实施新课教学的重要手段,旨在激活旧知识,联结新知识、新技能,导入过程中应当遵循跨文化交际学、多模态学习认知理论、建构主义学习理论等教学原则。

2.P(Presentation):信息呈现

这里的"信息呈现"指的是新课讲授的具体方式。是Tell还是Ask?是Show还是Do?是Guide还是Coach?不同的答案可以反映出教师不同的教学概念、教学方法和教学模式。在传统的课堂教学中,新课讲授是完全以教师为中心,通常占据课堂时间的大部分甚至全部,讲授的方法则因教学媒体的使用情况而有所不同。

在以MAP为原则而开展的高校英语多模态课堂教学中,教师虽仍起着主导作用,但这种主导是为了确保学生的学习主体地位,学生不再是被动知识接收者,学生成为课堂学习的真正主体。教师甚至可以通过课前预习任务设计,把学生推到"信息呈现"教学环节的主讲地位(鼓励以学习小组集体汇报的方式),取代传统教学中以教师讲授为主的教学模式。由于基于MAP模型而设计的课堂能够充分突出多媒体、多模式、多模态教学,"信息呈现"的方式就以这"三多"为特质,而且"信息呈现"在整个教学安排中占用的时间比例应当是合适的,特别是以教师讲授为主的新课"信息呈现"时间要得到有效控制,把有限的课堂时间更多地用来保障以学生为中心的合作学习与学习强化。

不管是教师主讲还是学生(或小组)学习汇报,新课"信息呈现"应当遵循输出驱动—输入促成理论以及认知负荷理论的基本原理和教学策略,既要做好课前学生预习任务的设计和学习反馈,又要确保课堂上新课"信息呈现"的有效性。在采取学生汇报方式时,教师更要做好及时有效的反馈。

3.P(Peer learning):同伴学习

MAP模型中的Peer learning指的是Peer collaborative/critical learning,也就是说,它不仅包括学生合作式学习,也包括学生之间的批评式学习。两种学习都强调学生之间的互动。

同伴学习是课堂教学落实学生中心地位的核心,旨在通过结对、小组、角色扮演、辩论等学习探索活动,使学生在具体的学习活动中,在合作完成教师设计的学习任务过程中,主动地探索语言知识,结合真实的语言情境体验和训练所需的语言技能,并在讨论、辩论中提升自身的批判思维能力和跨文化素养。

同伴学习应当遵循社会建构主义学习理论、输出驱动、情境认知理论等教学原理,主要采取任务教学法、情境教学法等教学方法,鼓励学生通过结伴、小组活动等主动探索、协商完成学习任务。虽然提倡以学生为中心，但在MAP课堂教学设计中，教师的主导地位更加重要，要求教师不断更新教学观念，改进教学方法，并通过情境化的教学任务设计，确保以学生为中心的合作学习。

这里简要介绍情境认知理论及其对于高校英语教学改革的意义。情境学习是20世纪90年代前后兴起的一种重要学习方式，指在所学知识应用的场景中进行学习的方式，强调把学习者的角色、认知融入真实的情境中。情境学习具有两个基本特征：一是知识与实践应用的结合；二是社会互动性和协作性。情境学习理论是现代西方学习理论领域研究的热点，也是继心理学领域"刺激—反应"学习理论、认知学习理论、人本主义学习理论、建构主义学习理论后的又一个重要的研究方向。国际学术界对于情境学习的前沿研究主要集中在情境学习理论、交互情境下的词汇学习、实践共同体概念等，这些研究对于旨在强化学习的教学活动设计具有重要的指导作用。

4.L（Learning reinforcement）：学习强化

MAP模型中的"学习强化"指的是课堂教学中的一个教学环节，目的在于消化和运用新知识、新技能。

这里的"学习强化"不同于人工智能学科中的"强化学习"理论。强化学习理论中的"强化学习"，也称作"再励学习"或"评价学习"，指的是一种重要的机器学习方法，是智能系统从环境到行为映射的学习。可借鉴强化学习理论中的"再激励策略"以及引导性、激励性评价策略，参考情境认知、输出驱动假设等理论，通过恰当的教学设计，引导学习者通过情景化的应用，或者通过对同伴、老师或网络平台评价的反思，达到强化学习的目的。

"学习强化"教学环节依据输出驱动—输入促成假设、情境认知理论、CBI理论等教学原理，采取任务教学法、情境教学法等教学方法，组织学生开展结对、小组、角色扮演、辩论等活动。计算机网络条件好的学校还可以让学生在线进行人机交互，旨在落实教学计划中的语言知识、技能以及批判思维、跨文化交际意识等教学目标。强化学生合作学习的成果，这是检验课堂教学有效性的重要环节，学习强化任务的设计和组织实施是否得当,同样离不开教师的主导作用。

5.E(Evaluation):学习评价

MAP模型中的评价主要指一节课结束前教师对学生的表现性评价(通常以讲评方式进行),或者是基于教学目标的小结性课堂评价(通常采取多项选择等测验法),也可以是学生对教学内容、教学方法和教学效果的反思性评价(通常是要求学生课程结束前完成教师提前设计的问卷)。

评价是有效教学活动不可或缺的一部分,贯穿于整个教学过程,旨在促进学生的有效学习。在教学过程中(包括备课、上课和课后作业批改),教师需要始终考虑如何通过"学习性评价"来提升自身的教学效果,促进学生更好地学习。学习性评价应该高度关注每节课的学习目标和学业成功的标准,并针对学生的学习情况提供有效的反馈。同时,在教学过程中,教师还应有意识地培养学生的自我评价和同伴评价能力,指导学生学会如何学习,并掌握建构主义的学习观念。因为"学习性评价"注重学习过程,强调学生主动理解和构建意义。因此,在注重"学习性评价"的课堂上,我们可以看到教师的角色主要是创造各种学习与评价的机会,而不仅仅是直接传授知识。教师鼓励学生独立学习,引导和组织学生展开合作学习,让学生以自己的认知方式表达对学习内容的理解,促使学生相互交流、合作建构,并以此为基础促进学生观念的转变和发展。

因此,教师应意识到评价对学生的学习动机和自尊心有着深远的影响。在课堂上,教师需要改进提问方式,及时给予学生有效反馈,让学生主动参与自己的学习,通过同伴评价和自我评价改善学习。课后,教师还应根据评价结果及时调整教学安排,改进教学方法,进一步促进有效学习。

(四)PIE的内涵

高校英语课堂教学应当遵循的教学原则有很多,从不同的视角出发,就会提出不同的教学原则。不同的教学环节所重点采用的教学原则也会不同,高校英语课堂教学最核心的原则应当包括有效性、互动性和参与度。

在MAP原则模型中，PIE主要被视作一个整体教学原则。这里仅分项简要介绍PIE所包含的有效性、互动性、参与度等教学原则。

P(Productive)指的是有效性。课堂教学首先应当是富有成效的，其有效性是由教学的目标性所决定的根本属性。课堂教学是一种目标明确的活动，旨在帮助学生掌握知识、培养技能、发展智力，并形成相应的态度和品质。有效性可以说是教学的核心要素。要确保有效性，课堂教学就必须遵循基本的教学规范，具有合理的教学设计、清晰的教学思路以及完整的教学环节。课堂教学必须有一个明确可行的目标定位。课堂教学的行为过程必须符合基本的教学规律，关注个别差异，保障充分参与，实现有效互动。因此，合规范性、合目的性和合规律性是实现课堂教学有效性的重要保证。

I(Interactive)即交互性、互动性，既包括人际交互，也包括人机交互。语言学习是通过人与人之间的互动、学习者内部的思考和与环境的互动来实现的。通过这种互动，学习者能够将新知识内化为自己的知识。没有各种有意义的互动，语言的习得就无法实现。交互性是由语言学习的实质所决定的外语教学属性。目前，高校英语教学改革中普遍遵循的"教师主导—学生主体"的教学原则就是主体间性理念的重要体现。尽管交互性突出以学生为中心，但在课堂人际交互中，教师的新课输入及反馈的质量也至关重要，而且以输出为驱动的教学活动也离不开教师的组织、协助和参与。在课堂教学中，师生之间、学生之间的交互程度不仅反映教师所采用的教学模式、教学方法，还影响着课堂教学的效果。随着计算机网络技术在高校英语教学中的普及，这种交互性还体现在人机互动上。交互式教学模式在高校英语教学实践中的运用，改变了传统课堂教学中的人际交往模式，也彻底改变了传统的教学设计原则和组织原则。交互性原则不仅仅是教学组织原则，同时也是学习行为原则。它不仅能够反映教师的教育理念和课堂教学方法，还能够反映学生的学习理念和有效学习策略。

E(Engaging)即参与度，主要指学生的学习参与程度，也包括教师在学生学习活动中的参与度。参与度不仅仅体现在时间上,更重要的是体现在参与方式对于有效学习的影响程度上。如学生在课堂上"读课文"与学生就课文内容"讨论",这两种学习方式的参与度就有很大的差别。假如说Productive(即产出性、有效性)强调的是课堂教学的目的性,那么,Interactive(即交互性、互动性)关注的就是课堂的教学模式、方法和手段,Engaging(参与度)则是考察一节课Interactive和Productive的标尺。教学活动的主体、行为模式(mode)及其在课堂教学中所占的时间比例是观察学习参与度的重要指标。假如把一节课切分为"A-P-P-L-E"五个阶段,每个阶段占用时间、活动主体、活动方式不同,教学模式和教学效果就可能发生巨大的差异。

二、MAP应用于高校英语多模态课堂教学设计应当遵循的原则

(一)以3M为教学条件,彰显媒体间性,促进"教"与"学"

在计算机与高校英语课程的整合中,"三多"(即多媒体、多模式、多模态)是教学媒体要素在新媒体时代的重要表现,充分彰显了媒体间性的作用。

基于MAP的高校英语课堂教学设计要充分发掘媒体间性的作用,在充分发挥教师主导作用的同时,要真正体现学生的学习主体地位,最大限度地促进"教"和"学"。首先,教师要主动运用多媒体、多模式教学手段,丰富教学资源,创建数字化学习环境,改进课堂教学效果;其次,要充分发挥学生在网络时代下生长起来的优势,引导学生有效利用良好的教学资源和数字化学习环境做好课前预习,并为学生课堂学习设计恰当的任务,让学生在各种学习活动中积极主动学习新知识、新技能。

(二)以PIE为整体原则,强化参与互动,追求有效教学

在MAP模型中,PIE代表着有效性、互动性和参与性这三个原则,并被视为一个整体原则。根据多媒体、多模式和多模态课堂教学的特征,以主体间性、媒体间性和文本间性为指导思想,通过交互式教学来增强学生的参与度,追求课堂教学的有效性。

需要注意的是,多媒体、多模式和多模态的课堂教学并不等同于有效

教学。在高校英语教学实践中,娱乐化的多媒体课堂教学现象普遍存在,缺乏互动性和效率。因此,在充分发挥多媒体、多模式和多模态教学优势的同时,必须警惕课堂教学的娱乐化。强调教师的主导地位和学生的学习主体地位,突出互动式教学,是对课堂教学娱乐化的一种警示。

实现有效教学的关键在于互动性。互动性是现代语言教学的核心原则之一,包括人际互动(师生互动和生生互动)和人机互动。课堂教学过程应该是一个多向互动的过程,涉及师生、生生和人机之间的互动。通过合理的人机互动和人际互动,可以促进不同模态之间的合理结合,避免滥用多媒体课件而忽视学生的主体性,分散学生的注意力,从而削弱教学效果。在教学设计中,要注重通过多媒体技术促进互动,不仅要加强人机互动,还要关注多模态语境下的人际互动。根据不同的多媒体教学条件,学习互动可以有所侧重。例如,在网络语言实验室进行教学时,可以以人机互动为主、人际互动为辅,将人机互动作为教学实践的一部分,充分发挥技术和资源的优势,突出互动教学理念在数字化课堂教学中的实施。同时,教师还应该有计划地追踪学生的训练,与学生进行一对一的人际互动,或者组织学生进行小组实践。相反,在普通的多媒体课堂中,人际互动应该占主导地位,人机互动为辅。互动性是间性理论对我们教学改革最重要的启示之一,它可以体现在教学资源、教学设计、教学组织和教学评价等多个层面。以教学资源为例,教师可以充分利用媒体间性,在学生自主学习中提供多模态的学习资源和多样化的学习体验。

参与性是有效教学在高校英语课堂中的重要表现,通常存在大班授课的情况。在这种情况下,如何增加学生的参与度、扩大学生的话语权,并促进学生的个体发展,成为确保学生处于中心地位的核心任务和教学设计的核心问题之一。为了确保学生的参与度,教师需要注意充分利用教室内的教学设备,并将课堂教学任务延伸到课外,强化以学习小组为主要形式的协作学习。此外,还可以将学生和学习小组在课外的学习研究成果纳入课堂教学过程中。

(三)以APPLE为要素,加强教学设计,实施多模态教学

基于MAP的教学设计旨在充分利用多媒体、多模式和多模态教学的优势,并将PIE整体性原则贯穿于课堂教学组织的APPLE设计中。APPLE的教学设计以间性理论、社会建构主义学习理论、输出驱动假设、多媒体学习认知理论、情境认知理论等为指导,强调教学设计的整体性、师生互动性、多模态教学和跨文化性。APPLE代表五个教学环节或教学组织形式,它们相互支持,根据教学内容和对象,每节课的设计可以在五个方面进行侧重,也可以重新组合或选择适当的环节。

(四)倡导社团实践,加强课外学习,创新学习文化

在基于计算机和课堂的多媒体教学模式中,网络自主学习和协作学习是高校英语课程教学中不可或缺的组成部分。倡导社团实践有助于提升课外学习效率,并促进创新型合作式高校英语学习文化的形成。社团实践的学习理念充分体现了主体间性、文化间性和媒体间性的思想和原则,为高校英语课外学习提供了丰富的学习理念和方法。社团实践的学习理念主要包括以下几个方面。

1. 自然学习

应当充分利用高校英语的各类学习资源和在线互动平台,推崇生态化的学习交流活动,以组织学生进行真实而有意义的语言学习与交流。

2. 社会学习

应当结合社会发展需求,加强应用型课程的建设和学习,旨在培养学生具备适应未来社会生存和发展所需的英语文化素养和应用能力。

3. 情境学习

通过积极与社会文化环境进行互动,尤其是通过参与式的互动形式,培养学生的多元文化素养和思辨能力,以更好地适应未来生活和工作的需求。

4. 动态参与

基于主体间性理论,我们需要在两个方面进行努力。一方面,要加强师生互动,推动师生两个主体积极参与各种社团实践活动,以丰富学校外的语言文化。另一方面,要重视学生的主体能动性,培养他们的社会

责任感和伦理道德,引导他们承担社区义务,成为对社区有益的贡献者。

高校英语教学改革的关键在于教师,必须充分调动教师主体的积极性和主观能动性。在实际教学过程中,多模态教学改革给高校英语教师带来相当大的挑战。在数字素养发展不平衡的师生主体之间,教师必须率先改变观念,主动为创新教学模式创造一切条件,乐于与学生合作,共同提升多元识读能力。教师应充分利用多媒体教学条件,最大限度地调动和促进学生的多模态学习,使学生不仅通过听觉、视觉等模态来增强信息输入,还能作为交流主体,通过口头、书面、电子、身体动作等交流模式,强化反馈、互动等输出机制,实现有效的语言学习。

第三节　基于MAP的大学英语课堂模式应用

一、基于MAP的高校英语教案设计

基于MAP的高校英语课堂教学设计重视课堂教学环节,但不拘泥于传统的教学环节,充分吸收第二代教学设计理论先驱人物戴维·梅里尔教授关于教学设计的3E(即effective,efficient and engaging)原则及其提出的展示论证新知原理、尝试应用新知原理、聚焦完整任务原理、激活相关旧知原理、融会贯通掌握原理等五项首要教学原理,综合运用间性理论、多媒体认知学习理论、输出驱动-输入促成假设等理论,探索有效的高校英语课堂教学模式。

教学设计是课堂教学成功的基础。高校英语课堂教学设计应该遵循教育学、心理学和语言教学的规律,其任务是根据高校英语教学要求、标准及学生学习实际,合理把握教学观念、教学模式、教学技术、教学技巧等因素,对教学目标、教学内容、时间安排、教学方法、课堂组织、教学媒体、学习活动、学习评价等做出明确的规划与设计。

根据MAP原则模型及其应用于高校英语课堂教学设计应当遵循的教学原则,我们以高校英语精读课(上海外语教育出版社《大学英语精

读》第三版)为例,介绍MAP原则模型在高校英语课堂教学设计中的应用。

例如,在非英语专业本科学生基础阶段,大学英语课程开设4个学期,课程代号按照学期分为大学英语(一)、大学英语(二)、大学英语(三)、大学英语(四),每个学期4个学分,每周4学时,教材包括《大学英语精读》和《大学英语视听说》,按照读写综合课、视听说课两种课型授课,读写综合课每2周上6个学时、视听说课每2周上2个学时。读写综合课使用《大学英语精读》教材授课,以读写译教学为主,也适当结合听说,属于大学英语综合技能课。通常情况下,《大学英语精读》教材每个单元需要6个学时。这里的两个教案选例是《大学英语精读》第二册第五单元和第四册第二单元两个单元中的一小节,每个单元计划讲授6学时,选例分别是每个单元授课的第1小节(1学时)。作为一个单元(6个学时)的第1节课,本节课的核心任务是新课导入和课文初步学习。

教师在本节课的教学设计中,综合运用了游戏导入法、问答法、活动法、视听训练法、情景导入法等多种教学方法,并结合本节课教学任务特点,恰当地运用多媒体教学媒体、多模式信息呈现和表达渠道,调动学生多模态学习认知策略。

为了使教学设计规范化,我们在基于MAP的高校英语课堂教学实践中,要求课题组成员在教学过程中,按照"MAP课堂教学设计表"制作教案。"MAP课堂教学设计表"不仅包含了常规教案的要件,如章节、课时、教学目的、教学重点难点、教学过程(教师授课思路、设问及讲解要点)、教学评价(学生反馈及教师个人课后教学反思)外,还要求课题组老师在教案中,明确本节课的MAP设计要点,并在教学过程完整设计中,根据每部分设计重点,酌情注释"MAP要素"并做必要的MAP设计分析。

实践证明,要求在教案中对MAP要素及设计思路进行备注,使老师们更加有意识地聚焦MAP课堂教学设计原则和方法,不仅为课题研究积累了丰富的教学改革经验和资源,也促使课题组老师不断深入学习和研究。通过对青年教师教案设计、教学竞赛的指导,特别是带领他们在本课题研究和实践中不断成长,很多学校的高校英语教师教学技能和科研素质普遍提升,涌现出一批优秀青年骨干教师。

二、基于MAP的高校英语教案评价

MAP中的M既可用来指三个M开头的单词:媒体、模式、模态,也可用来指课堂教学中不可或缺的三个"多":多媒体、多模式、多模态。M代表着多模态教学模式的基调,它凸显了M教学媒体在高校英语课堂教学中的作用,也借助媒体间性的作用极大地改善了课堂话语的模式,优化了学生习得语言的模态,是基于计算机和课堂的高校英语教学模式评价中的重要观测点。[①]

我们知道,外语课堂教学中学习者动用的主要模态是听觉、视觉两种,但这主要是针对语言输入的方式。决定外语教学有效性的一个重要指标是参与度,我们更应当关注学生的语言输出,特别是在目前我国高校英语教学中被普遍推崇的输出驱动教学,学生要用口头、书面、电子、身体动作等话语模式(mode)进行语言输出活动。换句话说,一个优秀的教案应当通过各种不同的教学活动安排,突出三个M(media、mode、modality),充分发挥多媒体、多模式、多模态教学的优势,这也是我们在评价教案关于学生主体参与度落实情况时的重要参数。

评价高校英语课程教案的另一个重要观测点就是PIE教学原则在教学流程、教学活动中的落实情况。PIE(Productive、Interactive、Engaging)是高校英语课堂教学设计和评价的核心原则,即以互动性、参与性为代表的有效性原则。课堂教学的关键在于互动、在于学生的参与,而互动教学成功的关键在于教学设计。在高校英语课堂教学设计中,要充分利用多媒体教学条件,调动多模态学习,悉心布置APPLE五大支点,即课堂导入、信息呈现、同伴合作、学习强化和教学评价。

下面我们根据MAP模型的内涵和原则,采用"3M - APPLE - PIE"三步分析,通过对一节课的教案评析,探究高校英语多模态课堂话语建构的实质。如表5-3所示。

[①]罗桂莲.基于多模态话语的英语教学模式研究[M].南昌:江西科学技术出版社,2016.

表5-3 沙漏模式教学设计样例

时间安排	教学步骤	
6分钟		语言呈现阶段 视频欣赏:The Miracle Worker《奇迹制造者》。欣赏过后,教师提出两个问题:Who does the Miracle Worker refer to? Why do you think I had you watch this video clip? 阅读并聆听美文:教师把这篇文章的精华部分浓缩成一篇文章,让学生在读过原文的前提下,通过听力练习,补全原文,从而达到欣赏与训练的双重目的
10分钟		发现阶段——提问:Underline all the adjectives(or adverbs)and sentence patterns which are used to express Keller's feelings
8分钟	强调重点阶段	解释与示范阶段 发现结果展示:根据发现阶段的记录,用PPT展示发现结果。 课间花絮:为避免元语言化,请学生思考一首与第三个句式含义吻合的中文歌曲 将课堂推向高潮,教师告诉学生:learn it and sing it to your parents 示范活动内容:教师选择发现阶段的词汇与句式做课文复述示范
6分钟	练习活动阶段	有控活动阶段——基于示范阶段的活动模式,将学生分为两人一组 指导学生:Now suppose you were Helen Keller.Work in pairs to retell the story by turns by using the words and sentence patterns you have just found 活动要求:①轮流对课文故事进行复述;②尽量使用课文原句
5分钟		半控活动阶段——练习内容为选词填空,由课文内容改编而成 明确活动要求:①脱离书本;②用所给词汇的恰当形式填空;③所给词汇多于填空所需词汇,要注意选择
12分钟		交际活动阶段 活动之一:角色扮演,选取课文中精彩段落,两人或多人一组,进行表演 活动之二:小组讨论或访谈,讲述自己求学生涯中最难忘的老师
3分钟		布置作业——课后作业:Happy Teachers'Day! 给心中最敬爱的老师写一封信 字数要求:120单词;时间限制:30分钟

我们根据高校英语课堂教学多模态话语构建原则模型MAP,依照

"3M-APPLE-PIE原则"三步分析法,对B3U5课堂设计案例进行简要评析。

(一)第一步,3M分析

B3U5能够联系高校英语多媒体课堂教学实际,把多媒体、多模式、多模态的教学理念运用到教学设计中。例如,在语言呈现阶段,充分利用了视、听教学手段;在解释示范阶段,教师运用投影进行展示,学生运用歌曲增添课间花絮。但是,B3U5的多媒体、多模式、多模态教学设计还不够明确、不够全面,比如未发掘学生数字素养优势,没有安排学生运用多媒体技术展示学习成果。

(二)第二步,APPLE五要素分析

B3U5基本能够体现APPLE五要素在课题教学中的地位和作用。

1.Activation(课堂导入)分析

该例没有安排课堂导入的教学环节,而是直接进行信息呈现,不过,在信息呈现中,通过视频欣赏和问题法,也基本实现了课堂热身的作用。

2.Presentation(信息呈现)分析

B3U5能够把握沙漏模式关于语言呈现的"对话—文本—活动"多模态教学策略,特别是突出了多媒体环境下以计算机为演示工具的多模态外语教学,也将活动纳入了这个阶段的教学设计。需要说明一点,MAP模型中的信息呈现并不局限于沙漏模式的语言呈现阶段,也包括师生在其他教学阶段的演示。

3.Peer learning(同伴学习)分析

这是任务型教学的重要方式,倡导结对活动、小组活动、角色表演、辩论、讨论等多种教学活动,强化学生对话与合作,促进学生个人发展活动是沙漏模式的重心,包括有控活动、半控活动、自由活动等三个分层,体现了从语言学习到语言习得的过程性发展。B3U5在教学时间安排和教学步骤设计上都能够突出活动教学法,仅练习活动阶段就占据整节课的23分钟,能够通过真实性、建构性、分享性等语言交际活动,创设良好的英语学习语境。

4.Learning reinforcement(学习强化)分析

在MAP模型中,课堂教学过程被看作是一个多向(师生、生生、人机)互动的过程,不能用多媒体课件束缚课堂教学、忽视学生主体性,也不能让绚丽多姿的多模体教学形式分散学生的注意力。学习强化要凸显交互式、互动教学的优势,通过恰当的交互性学习任务达到学习强化的目的。B3U5也基本上反映了这种教学理念,但没有充分调动学生在多媒体、多模式学习方面的主体性地位,过于突出了教师多媒体演示,没有充分注意到学生信息素养普遍较高的实际,没有把学生小组合作研究成果的多媒体展示设计进来。B3U5虽然也较好地遵循了体验式英语教学理念,但在促进学生通过多媒体技术创造真实的语言环境、促进体验式英语学习方面,应该得到一线教师足够的重视和灵活的运用。比如强化学生及学习小组基于任务的课堂多媒体展示,充分发挥校园网、互联网在英语教学中的作用。

5.Evaluation(学习评价)分析

B3U5淡化了课堂评价的作用,采取布置作业的方式留待课后或下一节评价,而没有采取小结性的评价,并将课堂小结与布置作业进行有效关联。

(三)第三步,PIE原则分析

PIE的核心是Interactive(互动性),课堂教学的关键在于互动,而互动教学成功的关键在于教学设计。以上APPLE五要素分析表明,B3U5符合高校英语课堂教学设计的PIE原则,即有效性、互动性、参与性。B3U5突显了交互性和参与性的地位,主要体现在以活动教学为重心的教学设计;有效性原则不仅仅涉及教学过程,还涉及教学评价,B3U5以任务型教学过程为主的教学步骤安排能够部分地体现有效性原则,但还需要来自教师的评价,即教学反思。这样,每一节课堂设计都不是孤立的,都成为教师行动研究的一个节点。

三、基于MAP的高校英语课堂教学评价

从不同的视角出发,评价一节课是否成功的标准各不相同,评价要素也各不相同。针对不同的评价目的以及不同的评价主体,可以采取灵活

多样的评价活动。例如,结合研究全国教育科学规划大学外语专项课题"高校英语课堂教学多模态话语研究"的需要,为了引导课题组老师充分重视教学媒体在课堂教学中的应用及其效果,不仅在课题组成员中开展了综合性的高校英语多模态课堂教学评价,重点开展高校英语课堂教学媒体应用及效果评价量表,并建议课题组成员在听课评课中就重点观测点进行代码标注,以便积累数据,为该课题后续研究中开展基于语料库的研究奠定基础。

(一)高校英语多模态课堂教学评价要素

开展课堂教学有效性评价工作,必须从教学系统四要素及其相互关系出发,特别要从高校英语多模态课堂教学实际出发。与常规课堂相比,高校英语多模态课堂教学是ICT教学技术与高校英语课程的整合、融合,它遵循"教师主导-学生主体"的教学结构,采用"自主、探究、合作"为特征的教与学方式,为学生构建一个新型的学习环境。所以,评价高校英语多模态课堂教学的效果,不能只停留在传统课堂教学评价的层次,必须充分考察教学媒体的重要作用,从信息技术与课堂教学整合的视角来看待。

根据MAP原则模型关于高校英语多模态课堂教学设计的原则和特点,我们认为,对一节课的教学评价,应当站在主体间性的哲学高度,从教师、学生两大要素出发,将教学内容和教学媒体的评价分别融入教师、学生两大要素的评价之中。

1.教师要素的评价

教师作为课堂"教"的主体,是课堂教学的设计者、实施者、组织者。在以教师授课为主的教学环节,教师是信息的载体,通过各种途径、方法,向学生源源不断地输送着知识信息、语言信息、思想信息、心理信息和学习认知策略信息;在以学生为中心的学习活动中,教师是有力的组织者、参与者和促进者,通过有效的教学任务设计和课堂组织,助力学生积极主动地探索知识和技能,培养学生的合作意识和批评思维能力。在整个教学过程中,教师的信息素养很大程度上决定着教师对教学媒体的使用和对教学模式的改革,决定着教师主导作用的强弱,通常也决定着学生主体地位的落实和效果。

课堂教学的质量取决于教师的专业水平、教学水平、教学风格以及品行情操等诸多因素，取决于教师的信息素养及其对媒体间性的综合运用效果。不同的评价体系、评价标准以及评价主体，就会有完全不同的评价结果。课堂教学评价具有很大的主观性，可以通过分析教师所设计的教学流程和教学活动，分析教师所采用的教学手段及其在整个课堂教学过程中所扮演的角色和表现，比较客观地了解教师是否完成了教学目标任务，判断教学效果是否理想。

2.学生要素的评价

课堂教学评价中，不但要考察教师的教学设计、教学组织和行为表现，也要评价学生通过教学所发生的变化及取得的进步，特别是要考察以学生为中心的学习活动、学习方式、学习效果，因为学生是课堂"学"的主体。结合MAP原则模型关于多媒体、多模式、多模态课堂教学的原理，应当侧重于学生运用多媒体"学习"的模式(语言输出)和表现。

在以教师为主导、以学生为中心的"学"的活动中，学生是学习的真正主体。学生通过运用各种媒介和交流模式，独立完成或以同伴或小组等不同方式参与完成教师所设计的教学活动，学习语言知识，强化语言技能，提升跨文化素养和批判思维意识。针对学生主体的课堂教学评价，不仅要考查学生的学习表现，如学习动机、学习中心地位、学生参与度、自主学习能力、协作意识与批判意识，并通过对上述诸因素的分析了解学生的学习效果，还要考查学生自身对课堂教学效果的反思与评价。

(二)高校英语多模态课堂教学评价指标

基于教师、学生两个主体的评价，可以较全面地反映教学系统的四要素及其相互关系，也能帮助我们较为客观地观察课堂教学的目标、内容、方法、进程等诸要素，进而恰当地评价课堂教学的效果。

为了较为全面、客观地评价"教"与"学"的主体表现，了解教学媒体的使用效果和教学内容的完成情况，可以从教学目标、教学态度、教学内容、教学环节与方法、教学媒体及效果等方面，对课堂教学进行综合的评价。

任何一个评价指标体系都有其特定的评价原则、评价对象、评价用途。换句话说,任何一个评价指标体系都有其局限性,没有完美无缺的评价指标体系。以上介绍的评价体系主要用于课题组收集有关数据、开展教学研究、推进教师专业发展,不便于在课题组以外的同行中使用。其实,国内同行在这方面也开发了一些针对性很强的评价量表,如针对现有高校英语课堂教学评价标准存在的问题而设计制作的"高校英语课堂教学评价量表",如表5-4所示。

表5-4　高校英语课堂教学评价量表

评价项目	评价指标	评价内容和要求	分值	得分
教学设计 (20分)	教学目标	认知、能力、情感目标明确,切合实际	5	
	教材分析	整体处理教学内容,准确把握重难点,创造性地使用教材	5	
	学生分析	能关注学生的知识基点、思维特点和语言特点	5	
	电子教案	具有原创性、交互性、趣味性和可操作性	5	
教师基本素养与教学行为(30分)	语言	用英语组织教学,表达清楚、准确、流畅,语音语调正确、自然	5	
	教法	具有创新意识,教学方法得当,能启发、诱导、激励学生主动学习	5	
		设计可行的、有效的任务,体现语言的实践性	5	
		面向全体,关注个体,注重应用能力培养	10	
	教学手段	教学手段直观、恰当、注重实效	5	
学生的参与状态(30分)	交往状态	能充分体现师生互动、生生互动,学生的小组合作与交流有目标、有效果	10	
	思维状态	学习心态积极而开放,思维积极而活跃,能主动地提出问题和解决问题	10	
	达成状态	学得轻松、愉快,不同程度的学生均学有所获	10	

续表

教学效果与教学特色（20分）	教学效果	教学气氛宽松，学生积极、主动地参与教学活动	5	
		激发学习兴趣，培养学习情感，发展学习能力	5	
		教学层次清晰，课堂结构合理，教学重点突出，难点处理得当，当堂检查有效，目标达成度高	5	
	教学特色	课堂教学形成自己的风格和特色	5	
总分		100分		

该量表用于高校英语课堂教学评价的针对性较强，既关注"教"又关注"学"，比较重视对教学设计的考察，对于教学媒体应用以及学生参与度等方面也比较关注，是一个比较全面、简约而又实用的高校英语课堂教学评价量表。

第六章 高校英语网络化教学模式创新探索

第一节 信息技术对英语教学的影响

一、信息技术的引入

计算机辅助教学始于1958年,最早是IBM公司为教授小学生二进制算术而设计的一台计算机。之后计算机辅助教学系统及课件的研发规模和涉及的领域不断扩大。在1975后,微型计算机和能够综合处理文字、图像、声音、图形的多媒体计算机相继进入教育领域,进一步完善和发展了计算机辅助教学(Computer Assisted Instruction,CAI),使之成为多种教育环境中的理想工具。计算机辅助教学(CAI)是一种以计算机为主要教学媒介进行的教学活动,即利用计算机来辅助教师进行教学。与CAI相关的还有计算机辅助训练(CAT)和计算机辅助学习(CAL),广义的CAI包括CAT和CAL系统。计算机辅助训练指的是利用计算机进行职业培训的教学方式,其特点是学习目标明确,注重培养和训练操作能力和应变能力。

二、信息技术在英语教学中的应用

信息技术在英语教学中的应用主要体现为网络语言学科平台的形式,利用其开展英语教学活动优势主要体现在以下几个方面。

(一)功能丰富

网络语言学科平台作为信息技术在英语教学中应用的载体,不仅为英语教师提供服务,还为学生提供自主学习、考试系统、论坛等多种功能。这种新型的教学模式为学生提供了一种开放式、自由度高、富有创造性的学习环境和氛围。学生可以在一定范围内,自主地选择学习内容和学习顺序,促使学生更为主动地求索。

(二)资料充足

通过网络系统可以将信息社会中庞大的网络资源链接起来,建立起以英语为基础,涵盖文化、体育、历史、地理、娱乐、科技、环保等多方面的知识点,全方位、多角度激发学生阅读兴趣。

(三)使用方便

将网络平台部署在校园网上后,学生可以借用学校电脑或使用私人电脑,不受时间、空间的限制,任意地进行网上学习和交流。可以异步开展教学工作,学生和教师不必同时进行操作,进一步提高了师生的时间效率。

英语教学中使用的信息技术以语音设备、视频设备、电脑、服务器为主,配套特定的软件系统组成语音实验室、多媒体教室、自学中心等不同学习环境。对于信息技术在教学中的使用可分为传统教学方法与信息技术的结合、基于信息技术的新型教学方法两大类。通过多种途径,信息技术逐步改变了传统的英语教学方式,主要体现在以下几个方面。

1.营造仿真语言学习环境

信息技术的进步为教师提供了获取海量信息资源的途径,借助于计算机将互联网上的资源经过裁剪、编辑,从而形成一个图像、语音、文字的形象直观描述。制作精良的影像可以表达出一些传统教学手段下难以表述的内容,激发学生对语言学习的兴趣,迅速提高英语教学的效率和学生应用能力。

2.有利于实现互动式英语教学

语言学习需要在一个可以相互沟通的环境中开展,想要针对学生个体展开个性化教学,就需要建立一种易于监控的互动式教学环境。在这种教学环境中,利用计算机信息技术把教师从简单重复性劳动中解放出来,通过课件和多媒体资料完成向学生的知识传授。同时,在这种环境中教师可以有效地掌握不同学生个体的学习情况,开展多种语言交际活动,实现对学生的监控和修正。

3.有利于建立一种大环境下的公平的学习条件,充分实现英语教学资源共享

信息资源共享作为以互联网为代表的信息技术主要特点之一,给英语教学带来一个重大的影响。无论是在英语教学或其他学科中,优秀的教师和教学经验积累是高校间教育水平差异的主要原因,稀缺的优秀资源影响了教育质量。使用信息技术,就可以在一定高度的行政或科研组织带动下,将不同地域的教师经验与智慧集中起来,提高学科内的普遍教育水准,减少择校带来的教育资源不平等,为学生带来一个尽量公平的学习环境。

4.有利于为学生提供更为灵活科学的学习方式

英语学习是一个长期全面积累的过程,课堂上的学习远远不能满足英语学习的需要。学生在传统的英语教学中难以得到一个课外的语言环境,也缺乏在听说过程中的及时纠正。信息技术的出现打破了学习在时间和空间上的限制,让学生在家中也可以通过计算机进行网络学习。而互联网丰富的资源也为学生提供了充分的真实语言环境。

三、信息技术对英语教学的促进

信息技术大大改变了人们之间的交流方式或工作方式,英语教学以网络为平台的使用越来越频繁,使用信息手段和英语能力进行网上交际和信息的搜寻提取已成为一种必备素质。这要求高校培养的人才必须具有信息素质,以适应社会的用人需要,教育者应该采用新的学习理念和模式。与传统教学模式相比,信息社会的教学模式具有的特点如表6-1所列。

表6-1　新教学模式与传统教学模式对比

旧教学模式	新教学模式	对学习者的意义
教师为中心	学生为中心	提高学生认知主体地位和自主学习能力
学习者被动吸收	学习者的主动参与	增强学生学习动机,通过感知、体验、探究、实践获取知识
个体学习	合作学习	发展协作精神和技能

续表

教师作为专家	教师作为引领者	学习要适应快速变化的世界
静态的学习模式	动态的学习模式	网络资源要成为教学资源的重要组成部分,使教学内容具有开放性和灵活性
学习已包装好的知识	学习如何学习	发展信息社会所需要的技能,为终身学习奠定基础

由表中对比可以看出:一方面,信息技术的发展对英语教学模式提出了新的要求;另一方面,信息技术的应用又为英语学习提供了高效的工具和学习环境。应当大力提高英语教学中的信息化程度,借用信息技术提高综合教学水平,同时以适应时代背景对英语教育的要求。

信息化对英语教学的影响不仅仅是学习模式的转变,而是对整体教学体系都产生了深远影响,可以归纳为以下四个"信息化":①教育思想的"信息化"。需要从工业化社会的班级批量化教育思想转向信息化社会的个性化、人本化教育思想,以适应时代的变革。②教学模式的"信息化"。需要注重综合运用建构主义、人本主义、行为主义和认知主义理论,构建适应信息时代要求的新型教学模式。教学模式构建的基础是信息的获取、处理、应用、创新等环节的有机组合。③教学技术的"信息化"。以现代信息技术为核心,提升各种软件、硬件和潜在技术中的技术含量和信息质量,使其成为教育技术的重要组成部分。④教学评估的"信息化"。注重计算机和网络在评估信息采集、传输、处理和结果分析中的应用,实现评估的常态化、自动化和智能化。尤其需要关注信息导航和实时评估,使教学过程能够自动朝向教学目标的演进。①

四、未来信息技术对英语教学的引导

信息技术在英语教学中的应用已经有较长的一段时间,信息系统也从原来规模小、功能简单的应用系统,向着更加复杂、更加强大的模式转变。当前外国语教学的信息技术主要有以下几个特点。

---

①邱鹏程. 现代信息技术对大学英语课程教学的影响——评《剑桥信息与通信技术英语》[J]. 中国科技论文,2019,14(07):830.

（一）平台综合化

信息平台从以前功能单一的小型平台，逐渐向功能全面、规模庞大的综合型平台转化，综合化平台大多包含这几种功能：①听力教学平台。涵盖有听力讲解系统、复听训练系统、听写教学系统、听力选答系统。教师能够从资源库、本地电脑、网络资料等来源，自由组合听力课程内容、测试内容。②口语教学平台。有跟读/朗读系统、小组讨论系统。系统自动带领学生完成跟读/朗读过程，学生可听自己或其他人的录音，小组可以展开口语讨论。③阅读教学平台。教师可从不同来源选择阅读资料，并配备答题功能，题目可由教师自主导入。④口译教学平台。提供影子训练、短期记忆两种模式，拥有模拟现场的功能。⑤自主学习平台。教师可自定义学生自学范围，学生按照教师要求展开学习，在此过程中师生能根据学习内容开展文字、语音交流。⑥网络化考试平台。提供网络化考试功能，能自动生成对应策略的试卷或由教师导入，能提供四、六级仿真试题。

（二）平台专业化

在平台综合化的同时，也有部分企业或机构着重突破教学中的某一环节，具体可以包括：①翻译平台。以英语翻译相关教学、科研为中心，提供在线的翻译学科辅助教学和翻译课题研究。常见内容还有教师培训、翻译大赛、翻译项目、学生实习等。②学习资料库。学习资料库是集合不同高校，乃至全球层面优质资源，形成以多媒体课程为核心，音频、视频、图书为辅助的多个英语学习模块。③测试训练系统。测试训练系统包含训练平台、测试平台、管理平台三部分。训练平台能生成四级、六级、研究生考试、BEC中级测试等考题，老师可以通过测试系统组织全校性大规模考试，同时还能积极开展及时的教学评估。

（三）边界模糊化

英语的教学工作不再将课堂教学和课外学习进行非常清晰的划分，信息化学习系统覆盖了互联网、电视网、手机网，也不再有时间和空间的限制。英语学习已经成为一种常态化的学习，学习课堂的边界慢慢模糊化。

(四)终端移动化

信息技术的发展,使得系统终端设备不断推陈出新,现在已经走向了手机和平板电脑等可持式终端时代。可持式终端解放了课堂教学中的座位束缚,使得随时随地开展学习成为可能。丰富的课堂学习开展模式,一方面可以方便教学工作的开展,另一方面能提高学生的学习兴趣。

(五)教室方案整体化

传统模式的多媒体教室,是以用户为中心,由用户拟定建设方案,采购多个来源的设备进行组合,最终形成多媒体教室。这种建设方式导致设备型号繁多,配置环境复杂,给后期的维护工作带来极大挑战。现在实验室建设已经发展为厂商提供全方位方案,用户根据自身需求对方案进行裁剪,最后厂商以裁剪结果为基线建设多媒体教室。

(六)交互多元化

以往信息化在英语教学中的交互手段极为有限,只有投影、音响等为数不多的方法,板书除了课件投影就是黑板手写。现在触屏技术让信息化教学手段丰富起来,电子白板和激光投影机更是带来了全新的教学体验。

五、信息技术与英语教学未来趋势

(一)数字互动教室

感应技术和互动技术构成了未来人机互动的基础。感应技术包括触觉感应、动态感应、光感应、视觉感应等技术。这些感应技术的发展可以应用于未来的课堂情境教学,通过仿真三维虚拟形象展示,使教学更加直观。互动技术包括平面互动、空中翻书、触摸查询和桌面互动投影等,它们的介质变化多样,可以将地面到墙壁作为投影介质,使人机交互更加自然、主动。

通过整合感应技术、互动技术和其他信息技术,我们可以打造未来的数字互动教室。数字互动教室不仅仅是三维仿真展示和人机互动,它还是一个学校课堂教学信息的系统性改革方案,是一个综合性、协同性的大型信息化工程。

(二)资源开源建设

外国语教学的教育资源库一直是英语教学信息化的重头之一,资源库的共同建设能够整合不同高校间资金、人员、技术的种种瓶颈,避免或减少重复建设。类似的开源在国外已经开展了一段时间,如麻省理工的OCW、英国开放大学的OPEN LEARN、日本的开放式课程"巴黎高科"。开源资源库的建设可以帮助劣势高校追赶教学、提升科研能力,促使教师间良性竞争,共同提高教学水平,实现高校间优势互补。

(三)智慧教育

智慧教育是一个综合性概念,它基本涵盖了所有信息技术,通过全面整合以及对教学业务的深入研究,建立起一个覆盖教学全部过程和所有资源的信息体系,与以往的教学方式相比,有如下优点:①将教学内容与教学策略分离,根据学生的认知模型生成所需的教学信息,并通过智能信息系统进行搜索,最终动态生成具有个性化教学特色的内容和策略。②通过智慧教育诊断,可以评估学生当前的学习水平,分析学生产生错误的主要原因,并向学生提供学习和改进建议。③通过分析全体学生的错误分布情况,智慧教育系统将为教师提供教学重点、测试重点、教学方式、测试题型等内容。④为教师提供易于操作的教学和测试维护功能,教师可以根据具体情况轻松调整教学内容和教学策略。⑤通过智能化分析学生的认知模型、教学内容和测试结果,为教学督导人员提供任课教师的绩效评估。随着新信息技术的发展,如何实现信息技术与英语教学的深度融合是目前英语教学理论和教学模式改革的关键。

第二节 信息技术与英语课程的整合

一、信息技术与课程整合的理论与方法

尽管我国已经多年在推动信息技术与课程的整合,但仍有许多教师对此缺乏正确的认识。一些教师将信息技术与课程的整合视为现代化

教学的一种工具、手段或更有效地学习信息技术的方式。而更多的教师则将信息技术与课程的整合与计算机辅助教学完全等同起来,认为只要在课堂上使用多媒体或课件就算是进行了信息技术与课程的整合。这种看法反映了广大教师对信息技术与课程整合的内涵和实质缺乏了解,同时也表明他们对于实施信息技术与课程整合的途径和方法缺乏了解和掌握。何克抗教授指出,任何一种关于信息技术与课程整合的理论都必须回答以下三个问题:第一,信息技术与课程整合的目标(意义)是什么?第二,信息技术与课程整合的内涵(实质)是什么?第三,信息技术与课程整合的方法(途径)是什么?

只有对上述三个方面的问题做出科学的回答,并且要能够通过教学实践的检验,才能达到深层次整合的要求。下面我们将从这三个方面,对信息技术与学科课程深层次整合的理论与方法进行探讨。①

(一)信息技术与课程整合的目标与内涵

1.信息技术教育应用的发展

自从20世纪50年代末研发出第一个计算机辅助教学系统以来,发达国家的信息技术教育应用经历了三个主要发展阶段。

第一个阶段是从20世纪60年代初到20世纪80年代中期,被称为"计算机辅助教学阶段"(Computer Assisted Instruction,CAI)。在这个阶段,主要利用计算机的快速运算、图形动画和仿真等功能来辅助教师解决教学中的重点和难点问题。这些CAI课件主要以演示为主,是信息技术教育应用的起步阶段。

第二个阶段是从20世纪80年代中期到20世纪90年代中期,被称为"计算机辅助学习阶段"(Computer Assisted Learning,CAL)。在这个阶段,重点逐渐从辅助教师转向辅助学生,强调如何利用计算机作为学生学习的工具。例如,利用计算机帮助学生搜集资料、辅导答疑、进行自我测试和安排学习计划等。这个阶段不仅注重计算机辅助教学,更加强调计算机辅助学生自主学习。

---

①刘金烨.试析信息技术与大学英语课程的整合[J].中国教育技术装备,2016(17):34-35.

第三个阶段是从20世纪90年代中期开始的"信息技术与课程整合阶段"。在这个阶段，信息技术与各学科课程开始整合，使得教学模式发生了重大变化。这一阶段的显著特征是信息技术应用于教学，原先的计算机教育概念完全被信息技术教育所取代。信息技术与课程的整合成为国际教育界关注的研究课题。

需要指出的是，由于我国信息技术教育应用起步较晚，目前大多数高校仍处于计算机辅助教学阶段，即CAI阶段。然而，信息技术与课程的整合已经在20世纪90年代中期开始，并成为当前国际教育界重要的发展方向。

2.信息技术与课程整合的目标

信息技术与课程整合的目标不仅仅是将信息技术作为教学或学习的辅助工具，而是要创造一种全新的教学环境。这个环境应该能够支持各种教学方式和学习方式，如情景创设、启发思考、信息获取、资源共享、多重交互、自主探究和协作学习。它代表了一种以"自主、探究、合作"为特征的教与学方式，既能发挥教师的主导作用，又能充分体现学生的主体地位。通过这种方式，学生的主动性、积极性和创造性可以得到充分发挥，传统以教师为中心的课堂教学模式可以发生根本性的变革。这种教学模式变革的主要标志是改变师生关系和师生地位的作用，从而真正实现学生创新精神和实践能力的培养，这也是我们素质教育目标所追求的。

在西方发达国家，将信息技术与课程整合视为培养21世纪人才的关键措施。而21世纪人才的核心素质是创新精神和合作精神。信息技术与课程整合被看作是培养创新人才的重要途径甚至是根本措施，其目标是实现创新人才的培养。这不仅是我国素质教育的主要目标，也是当前世界各国进行教育改革的主要目标。

3.信息技术与课程整合的内涵

通过对"信息技术与课程整合目标"的分析中可以看到，对整合目标的确定，是首先从分析信息技术与课程整合的性质、功能入手，在把握信息技术与课程整合本质特征的基础上推导出其目标。因此只要稍加精炼与加工，我们就完全有可能从上述关于整合目标的分析过程中，引申出关于信息技术与课程整合的定义或内涵：信息技术与学科课程的整合可以被表述为一种通过有效地将信息技术融入各学科的教学过程来创造新型教学环境的方法。它旨在实现一种教与学方式，既能发挥教师的主导作用，又能充分体现学生的主体地位，以"自主、探究、合作"为特征。这样做可以充分发挥学生的主动性、积极性和创造性，从而彻底改变传统的以教师为中心的课堂教学模式，并实现学生创新精神和实践能力的培养目标。

这一定义包含三个基本属性：构建新型教学环境、实施新的教与学方式以及改革传统的教学模式。新型教学环境的构建旨在支持新的教与学方式，而新的教与学方式旨在改革传统的教学模式。改革传统的教学模式是为了最终达到培养创新人才的目标。因此，整合的实质和重点在于改革传统的教学模式，即改变以教师为中心的教学模式，创造一种新型的"主导-主体相结合"教学模式，既能发挥教师的主导作用，又能充分体现学生的主体地位。

在教学中，环境这一概念具有广泛的含义，包括教学过程中主体以外的所有人力和非人力因素。因此，与将信息技术仅仅视为工具或手段的计算机辅助教学（CAI）或计算机辅助学习（CAL）相比，信息技术与课程整合在教育领域的应用更为广泛和深远，其实际意义也更加重大。CAI主要涉及教学方法和手段的改变，没有引入新的学习方式，也没有改变教学模式，因此它与信息技术与课程整合不能等同对待。然而，在课程整合的过程中，可以使用CAI课件来促进学生的自主学习，因此"整合"并不排斥CAI，其目的是将CAI课件用作提供学生自主学习和协作交流的认知和工具。在这种情况下，CAI只是信息技术应用于整个教育过程的一部分，而传统的以教师为中心的计算机辅助教学则将CAI课件作为突破教学重点和难点的直观教具和演示工具，此时CAI成为信息技术在教育中的全部内容。因此，这两种教学情境下CAI课件的应用方式和内涵实质是不同的。

根据全球教育发展趋势，信息技术教育应用正逐渐进入第三个阶段，即信息技术与课程整合阶段。在进入这个阶段后,信息技术不再仅仅是教学或学习的辅助工具,而是通过建立新型教学环境和教与学方式,从根本上改变传统的以教师为中心的教学模式,以培养学生的创新精神和实践能力为教学目标,特别是大规模培养创新人才的目标。

(二)信息技术与课程整合的途径与方法

信息技术与课程整合对我国当前教育深化改革的意义重大。就高等教育而言,我国教育信息化的硬件设施有了很大的发展,高校的校园网络建设基本上已经在全国范围内普及。虽然教育信息化硬件设施有了大幅增长,但是目前却绝大部分未能充分发挥作用,造成资源的浪费。如何运用信息技术环境(尤其是网络环境)来促进教育深化改革,改变传统的"以教师为中心"的教学模式、形成"主导-主体相结合"的新型教学模式,是关于提升高校的学科教学质量与效率的问题,也是中国教育信息化、科学化的关键问题。

目前国际上普遍认为只有通过信息技术与课程的有效整合才有可能解决上述问题。信息技术与课程整合的理论必须能够对信息技术与课程整合的目标、内涵、方法等三方面的问题做出科学的回答,以整合途径与方法,这是信息技术与课程整合理论中最关键的问题。有关专家指出,信息技术与课程的有效整合意味着数字化的学习,而数字化的重点是逐渐扩大数字化内容的整合范围,直至将其整合到整个课程,并应用于课堂教学。当经过专门培训、具有明确教育目标的教师将具有动态性质的数字内容运用于教学时,它将提升学生的探索和研究水平,从而有可能实现数字化学习的目标。

为了创造生动的数字化学习环境,学校需要将数字化内容与各学科课程进行整合。以下是有效整合的步骤方法:①明确教育目标,并将数字化内容与目标相关联;②确定可衡量和评估的整合结果和标准;③根据上述标准进行测量和评估;④根据评估结果对整合方式进行相应调整,以有效实现教学目标。然而,这些步骤方法并未涵盖"整合"的指导思想、教学设计、教学资源和教学模式,对教师来说在实际操作中可能会面临困难。

在信息技术教育领域,学者普遍认为,信息技术的应用主要发生在课前和课后,包括资料检索以及学生之间和学生与教师之间的交流与合作。而在课堂教学的短短几十分钟内,通常很难充分发挥信息技术的作用,仍然需要依赖教师的言传身教。

根据目前在美国实施的信息技术与课程整合的基本模式,常见的模式包括基于问题的学习、基于项目的学习和基于资源的学习。课前应用信息技术指的是教师利用网络提前发布教学内容、相关资料、重点难点和预习要求,使学生能够在上课之前做好充分准备,并在需要时与教师进行沟通与交流。基于问题的学习、基于项目的学习和基于资源的学习属于基于网络的专题研究性学习模式。这些模式围绕真实问题展开,涉及多个学科的交叉和多种知识的综合运用,需要进行大量的实地调查、访谈或测量。由于需要更多时间,通常只能在课外时间完成,不适合作为常规课堂教学模式。

我们对整合的理解源于西方观点,即从创造新型教学环境的角度来理解整合。在信息技术与各学科的整合过程中,我们应结合中国的国情,遵循一定的指导思想和实施原则,找到实现信息技术与课程深层次整合的基本途径和方法。

1.以先进的教育理念为指导

为了实现上述目标,必须运用先进的教育理论,特别是以建构主义理论为指导。信息技术与课程整合的过程不仅仅是简单地运用现代信息技术手段,而是教育深化改革的关键步骤。实践若没有理论指导,就会成为盲目的行动,改革也会失去正确的方向。

建构主义理论并非能解决教学中的所有疑难问题,但它强调"以学生为主"的教育思想和教学观念,鼓励学生通过自主建构知识来获取深刻的理解。这一理念对长期以来以教师为中心的传统教学结构产生了深远的冲击。它推动了学校教育向以学生为中心的模式转变,强调学生在学习过程中的主动参与和自主探索。在信息技术环境下,建构主义的学习理论与教学理论以及建构主义学习环境下的教学设计方法,为教师提供了强有力的理论支持。这种理论支持能够帮助教师更好地整合信技术与各学科课程，创造出丰富、互动和个性化的学习体验。

通过建构主义的学习观念，教师可以设计具有启发性和探索性的学习任务，鼓励学生积极参与问题解决和知识建构的过程。信息技术可以为学生提供广泛的学习资源和工具，帮助他们主动探索、发现和创造知识。同时，信息技术还可以促进学生之间的合作和交流，打破时空限制，实现跨地域和跨文化的合作学习。建构主义理论强调学生的主动参与和自主建构，鼓励教师创造丰富的学习环境。借助信息技术的力量，教师可以更好地实现教育目标，促进学生的综合素养和创新能力的发展。

2.以建立新型的教学模式为中心

"整合"的本质和基础在于改变传统的教学模式，即转变以教师为中心的教学结构，创造一种新型的教学模式，既能发挥教师的主导作用，又能充分体现学生的主体地位，实现"主导-主体相结合"。在进行课程整合的过程中，教师需要密切关注教学系统的四个要素：教师、学生、教学内容和教学媒体的地位和作用。通过课程整合，这四个要素的地位和作用会发生相应的变化。因此，教师需要深入思考以下问题：改变的程度有多大？哪些要素发生了变化？哪些要素没有发生变化？没有发生变化的原因是什么？这些问题是衡量整合效果和整合程度的主要依据。

3.坚持"学教并重"的教学设计理论

目前流行的教学设计理论可分为两类：以教师为主的教学设计和以学生为主的教学设计，后者也被称为建构主义学习环境下的教学设计。由于这两种教学设计理论各自具有优势和不足，因此最好将它们结合起来，形成一种学教并重、优势互补的教学设计理论。这种理论既重视发挥教师的主导作用，又充分体现学生的主体地位。在运用这种理论进行教学设计时，计算机作为核心的信息技术起着重要的作用，包括多媒体和计算机网络技术在内。它们不仅仅是辅助教师进行形象化教学的工具，更重要的是作为促进学生自主学习和协作交流的认知工具。在建构主义学习环境下的教学设计理论中，这方面的指导作用尤为重要。

4.重视教学资源的建设

为了实现课程整合，提供丰富而高质量的教学资源是必不可少的。

这些资源对于学生的自主学习、自主发现和自主探索至关重要,同时也要求改变教师主导课堂、学生被动接受知识的状态。若缺乏这一条件,就无法建立起新型的教学模式,也无法实现培养创新人才的目标。教师们需要努力搜集、整理和充分利用互联网上的现有资源(如免费教学软件等)来构建教学资源。只有在确实找不到符合学习主题的理想资源的情况下,才有必要由教师自己进行资源开发。

5.注意结合学科的特点

创建新型教学模式需要通过全新的教学结构来实现。教学结构不仅涉及教学方法和教学策略,还包括教学组织、学习环境、评估方法等方面的考虑。它是一种系统性的、整体化的设计,旨在提供有机而协调的教学体验。

教学方法或策略通常指的是在特定教学环境下采用的特定方式或技巧,而教学结构则强调将多种方法和策略有机地结合起来,形成一种稳定而有效的组合。在教学过程中,教师需要根据学科特点、学生需求和教学目标,综合运用多种教学方法和策略,以达到更好的学习效果。

为了创建新型教学模式,教学结构的设计必须考虑课程整合、学生主体性和信息技术的应用。课程整合意味着将不同学科的知识和技能有机地结合起来,形成相关性和连贯性,使学生能够更好地理解和应用所学内容。学生主体性强调学生在学习过程中的积极参与和自主探索,鼓励他们建构自己的知识和理解。信息技术的应用则为教学提供了丰富的资源和交互平台,可以促进学生的合作与创新能力。

实现新型教学模式的教学结构具有多样性和层次性。常见的教学模式包括探究式教学、问题解决式教学、合作学习、项目学习等。其中,探究式教学模式注重学生的主动探索和发现,通过提出问题、进行实证研究和推理推断,培养学生的思辨和解决问题的能力。问题解决式教学模式强调学生在解决实际问题时的思维过程和解决策略,培养学生的批判性思维和创新能力。合作学习模式鼓励学生在小组内互相合作、交流和分享,促进彼此的学习和成长。项目学习则以项目为核心,通过跨学科的综合性任务,培养学生的综合能力和解决复杂问题的能力。

教师在实际教学中应结合学科特点和学生需求，灵活运用上述教学模式，并结合信息技术与课程的深层次整合。这样的教学结构将为学生提供更丰富、有趣和有效的学习体验，激发他们的学习兴趣和创造力，培养他们的综合素养和未来所需的能力。

（三）信息技术与课程整合在高校英语教学改革中的实践意义

多年来，高校英语教学一直采用以教师为核心的模式。在这种模式下，教学系统中的四个要素之间存在以下关系：①教师是主导者，拥有绝对权威，通过口头授课和板书向学生传授语言知识；②学生作为学习过程的主体，主要通过听课和记笔记来被动接受知识，充当外部刺激的接收者；③媒体在教学过程中主要作为辅助工具，用于演示和解释教学重点和难点；④教材是学生唯一的知识来源，老师依据教材进行讲解、复习和考试。这种教学模式的优点是能够发挥教师的主导作用，有利于组织、管理和控制课堂教学。然而，这种模式忽视了学生的主动性和积极性，无法有效体现学生的主体地位，难以达到理想的教学效果，更无法培养具有创造力的创新型人才。

近年来，我国高校英语教学改革取得了一些进展，但并没有实质性的重大突破。改革的实质在于改变以教师为中心的教学模式，创造一种新型的教学模式，既能发挥教师的主导作用，又能充分体现学生的主体地位，实现"主导–主体相结合"。这样的教学模式旨在激发学生的主动性、积极性和创造性，使创新人才培养的目标得以实现。由此可见，信息技术与课程整合对深化我国高校英语教学改革具有重要的现实意义。

在教学实践中探索和实践将信息技术与高校英语课程整合的教学模式，将会有助于高校英语教学改革进程的推进，提高高校英语教学的成效。开展信息技术与课程整合的落脚点是变革传统的教学结构，但由于教学模式的类型是多种多样的、分不同层次的，信息技术与课程的整合模式也不例外。学科教学过程涉及三个教学阶段：一个是与课堂教学环节直接相关的"课内阶段"，另外两个是课堂教学环节之外的"课前阶段"和"课后阶段"。因此，从最高层次考虑，信息技术与课程整合的教学模式只有两种，即按照所涉及的教学阶段来划分的"课内整合模式"和"课外整合模式"。

目前，西方发达国家非常注重将信息技术与"课前阶段"和"课后阶段"的教学过程整合起来，也被称为"课外整合模式"。多年来，他们在这方面进行了大量的研究、实践和探索，并取得了成功经验。在"课内整合教学模式"的课堂教学中，涉及不同学科、不同教学策略和不同技术环境的支持等多种因素，因此实现"课内整合"的教学模式分类比较复杂。基于技术支持环境的不同，"课内整合教学模式"可以划分为基于多媒体演示、基于网络教室、基于软件工具或仿真实验室等不同类型。而基于所选用的教学策略的不同，"课内整合教学模式"可以原则上分为自主探究、协作学习、演示、讲授、讨论、辩论、角色扮演等多种类型。

在国内，我们历来比较重视"课内整合教学模式"，但通常忽视了对"课外整合教学模式"的探索与研究，这点与西方发达国家有所不同。西方国家在"课外整合教学模式"方面做了大量的工作，取得了很多成功的经验，可供我们学习和借鉴。不过我们在学习与借鉴的过程中，一定要注意结合中国的现实环境和具体条件，不能盲目地照搬照抄。

二、信息技术与高校英语课程的课内整合模式——探究式教学模式

"课内整合教学模式"的分类相当复杂。根据所选用的教学策略不同，原则上可以将其分为自主探究、协作学习、演示、讲授、讨论、辩论、角色扮演等多种类型。其中，自主探究式教学模式要求学生在教师的指导下，通过以"自主、探究、合作"为特征的学习方式，自主学习和深入探究当前教学内容的主要知识点，并进行小组合作交流，以实现课程标准中对认知目标和情感目标的要求。探究式教学模式的基本特征可以简单概括为：既重视教师在教学过程中的主导作用，又充分体现学生在学习过程中的主体地位。

下面我们将对目前影响较大的信息技术的"课内整合教学模式"——探究式教学模式进行介绍和分析，讲述它们的产生背景、内涵与特征、实施步骤等问题，并结合这种整合模式在高校英语教学中的实施案例，探讨信息技术在高校英语教学中的"课内课外"整合模式的目标、内涵和实

现的途径。其主要目的是帮助广大高校英语教师更深入理解如何在建构主义理念下将探究式教学模式运用于高校高年级阶段双语课程的教学实践。

建构主义教学观有别于传统的教学观。传统观点认为,教育的目的是把前人所获得的知识传授给学生,师者只要传道授业便完成了使命,学生是知识的被动接受者。

而建构主义观点则认为,学习过程是以自身已有的知识和经验为基础的建构活动,教师应该以此为终极教学目的,辅助学习者完成知识建构。因此,基于建构主义教学观所设计的主体学习活动是动态的。设计中充分考虑到主体已有的知识积累和学习经历与经验,主体已形成的人生观和世界观也会对知识建构产生影响,在教学活动设计的过程中也应该最大限度地考虑到学生在这方面所呈现的个体差异,在探究知识的过程中培养学生的批判性思维。对学生知识的评价体系应该建立在问题解决过程中,以学生对事物的理解和解决问题的能力作为衡量的标准。

将传统"教师决定式"或灌输式教学模式转化为开放式,教学活动的每个环节都有学生主体的参与,学习质量好坏不仅是学习者知识积累多寡,更多的是学习者外化知识能力的提升。换言之,学生获得知识的多少不再取决于学生死记硬背教师讲授内容的能力。在教学过程中,教与学不再只是简单的知识的传输和接收过程,而是包含了师生的互动、学生与学生之间的互动以及学生主动寻索知识、不断构建新知识体系的过程。

建构主义学习观认为学习不是简单地将信息从外部输入到内部,而是通过新信息与学习者原有的知识经验之间的双向相互作用来实现的。因此,基于建构主义学习观的教学活动设计需要包括学习者与学习环境之间的互动。学习应该通过学习者进行高水平思维活动来实现,而不是简单地按照记忆的流程进行。学习者需要构建关于事物及其过程的表征,但这种知识构建并不是简单地将知识搬运,而是通过应用已有的认知结构对新信息进行加工和完成。在这个知识学习、整合和内化的过程中,每个学习者都会以自己原有的经验系统为基础,对新的信息进行认知和编码,构建新的认知体系。在这一过程中,原有的知识会因为新的经验介入而发生调整和改变。因此,建构主义强调的学习不再是简单的教师向学生传递知识,而是学生主动地构建自己知识的过程。学生不再是被动地接受信息的角色,相反,学生需要在主动改造和重组原有经验的基础上构建新信息的意义,这种构建过程是无法由他人代替的。学生的主要任务不再是记忆、复述和简单应用各种事实性信息,而是在教师的指导下主动、有意义地选择和加工外部信息,收集并分析相关的信息和资料,然后对所学问题提出各种假设进行验证、评价甚至批判。

(一)探究式教学模式产生的背景

基于建构主义理论的探究式教学过程以学生为主体、以学生发展为本、以教师为主导,无论对教师,还是对学生,都提出了更高的要求。这就要求学生必须保证课后的时间及精力投入。建构主义教学观认为学习者应该融入学习情景中,主动观察和模仿情景中的知识与技能,培养独立思考和解决实际问题的能力。在这种教学观下,学习者需要从边缘参与逐渐转变为核心参与,这个过程是学生自主能力提升的过程,也符合情景学习理论的边缘参与规则。探究式教学要求学生思考、发表独创见解、具备创新精神,这要求学生在课后反思,培养科学的学习方法。

学习方式指学生在学习任务中的行为和认知取向,是现代学习理论中的重要概念。传统的学习方式偏向于被动和依赖,忽视了学生的主动性和独立性。改变学生的学习方式意味着转变为自主、探究和合作的学习方式,使学生的主体意识、能动性和创造性得到发展。

教育部提出的大学英语课程教学要求指出,高校应利用现代信息技术改善教学模式,实现个性化和自主学习。新的教学模式应注重实用性、知识性和趣味性,激发教师和学生的积极性,强调学生的主体地位和教师的主导作用。

教学模式改革的目标之一是促进学生形成个性化学习方法和自主学习能力。新教学模式应让学生选择适合自己的学习材料和方法,获得学习策略指导,逐步提高自主学习能力。因此,高校英语教学倡导自主、探究和合作的学习方式,改变传统以教师为中心的教学模式。

教育改革规划要求深化教育体制改革,创新人才培养模式。在教育规律和人才成长规律的基础上,深化教学改革,创新教学方法,探索多种培养方式,培养各类拔尖创新人才。启发式、探究式、讨论式和参与式教学被倡导,帮助学生学会学习,激发好奇心,培养兴趣爱好,营造独立思考和自由探索的环境。同时,充分利用现代信息技术,促进教学资源共享,引导学生深入研究,形成更新教学内容的机制。在这样的背景下,探究式教学模式在高校教学实践中得到越来越多的接受和应用。

探究式教学模式挑战了以教师为中心、传统的讲授为主、学生被动接受的教学模式。教学模式的改变不仅涉及教学方法和手段,更涉及教学理念的转变,从注重传授语言知识和技能到注重培养语言实际应用能力和自主学习能力,以及以培养学生终身学习能力为导向的终身学习观。探究式教学模式要求学生积极主动地参与学习过程,通过提出问题、探索解决方案、实践、合作等方式,培养学生的批判性思维、问题解决能力和创新能力。这种模式注重学生的自主性和合作性,使学生成为学习的主体,而不仅仅是被动的接受者。

探究式教学模式的实施可以采用以下策略。

1. 提供引导和支持

教师在学习过程中扮演着引导者和支持者的角色。他们提供适当的指导,引导学生提出问题、制订学习目标,并提供必要的资源和知识背景。

2. 设计开放性任务

教师设计开放性的任务,鼓励学生进行自主探究和发现。任务应该具有挑战性和启发性,激发学生的好奇心和求知欲。

3. 鼓励合作学习

合作学习是探究式教学的重要组成部分。通过小组合作、伙伴学习或团队项目,学生可以共同探索问题、分享想法、合作解决问题,并相互学习和支持。

4. 提供反馈和评估

教师应该及时提供针对学生表现的反馈,帮助他们认识到自己的优点和改进的空间。评估应该基于学生的实际表现和能力发展,采用多样化的评价方式,包括作品展示、口头报告、自评、同伴评价等。

5. 培养批判性思维

探究式教学模式注重培养学生的批判性思维能力,鼓励他们质疑和分析问题,评估信息的可靠性和有效性,形成独立的判断和观点。

探究式教学模式可以促进学生的深度学习和终身学习能力的培养。它可以激发学生的学习兴趣和动机,培养他们主动探索和解决问题的能力,提高学习效果和学习成果的质量。同时,探究式教学模式也对教师提出了更高的要求,需要教师具备良好的教学设计能力、问题解决能力和团队合作能力,以更好地引导和支持学生的学习。探究式教学模式的学习对象(即学习主题)是课文中的某一个或几个知识点,这与课外整合模式中的"研究性学习"教学模式有本质上的不同。因为"研究性学习"教学模式的学习主题总是围绕自然界或社会生活中的某个真实问题而进行。任何课程的教材都是由一篇篇的课文组成,而每篇课文又总是包含一个或几个知识点。这就表明,信息技术与课程整合的几乎所有日常教学活动(包括各种不同学科的常规课堂教学活动)都可以采用这种模式。实际上,探究式教学模式已成为目前最常用、最有效的课堂教学整合模式之一,能够满足各学科常规教学的需求。

(二)探究式教学模式的内涵与特征

探究式教学模式是一种引人深思的教育方法,它要求在教师的指导下,学生通过自主学习、深入探究和小组合作交流的方式来掌握知识。这种教学模式不仅能够满足课程中的认知目标,即学科相关知识、概念、原理和能力的理解和掌握,还能够促进情感目标的实现,包括感情、态度、价值观和思想品德的培养。

在探究式教学模式中,学生被赋予了更多的主动性和参与性。他们在教师的启发下,通过提出问题、寻找答案、进行实验和讨论,积极地参与到学习过程中。这种学习方式不仅培养了学生的探索精神和批判思维能力,还促进了他们的团队合作和沟通技巧的发展。

探究式教学模式在信息技术与课程整合中发挥着重要作用。它不仅帮助学生掌握与信息技术相关的技能,如阅读、写作、计算、图像识别和电脑操作,还培养了他们的信息素养和创新能力。通过实践和探索,学生逐渐形成了健康的情感态度、正确的价值观和优秀的思想品德,为他们今后的学习和生活奠定了坚实的基础。这一教学模式的特点和优势具体表现在以下两个方面。

1.教师的主导作用

尽管探究式教学模式倡导学生以自主、探究和合作的方式进行学习,强调他们的主动性和独立思考,但并不意味着它忽视了教师在教学中的主导作用。相反,它通过下面四个环节使教师的主导作用在整个教学过程中得到全面的发挥,教师在探究式教学活动中的主导作用应该体现在如下几个角色上。

(1)学习动机的激发者

探究式学习的对象要由教师确定。探究式教学模式始终以课程中的特定知识点(即探究学习的对象)为核心展开,但确定该知识点并非随意或由学生自由选择,而是由教师根据教学目标和进度来确定。同时,教师应适度激励学生以极高的热情和主动性参与活动,如考虑学生学业素质、兴趣、需要,适时适度给予学生必要的个性化指导,营造相互信任支持和帮助的学习气氛,并鼓励学生全身心投入到探究学习活动中。

(2)学生自主学习和协作学习的组织者

为学生提出一系列启发性问题,这些问题能够引发深入思考,并与当前学习的内容密切相关。在确定学习对象后,为了确保探究式学习能够取得实际成果,需要在进行探究之前选择或设计适当的教学探究策略。这些策略可以是针对具体情况而采用的,如使用"支架式"策略、"抛锚式"策略、"随机进入式"策略等。这些方法能够激发和引导学习者进行探索,发现规律,并在自主学习的过程中完成知识的构建。同时,设计多种交互形式,如竞争、辩论、伙伴合作、问题解决、角色扮演等方式,组织学生开展协作学习。

(3)学习环境和资源的设计者

进行探究的过程要由教师为学生提供多方面的帮助与指导,以便学生可以带着问题进行探究。这一过程固然是由学生个人或学习小组去实施完成,但是教师的作用也是必不可少的。教师应该为学生的探究活动设立积极学习情景(如吸引、情景、学业三种内容的设计)、新旧知识的联系线索、帮助构建新知识、精选设计组织和传递学习资源,教师甚至需要提供有关的探究工具,指导和引领学生正确高效地使用相关的教学资源(如图书馆中的专业数据库)以及对探究式学习中的方法、策略作必要的指导。如果在这方面对学生的学习提供的支持和指导不够充分、不够到位,将会对他们的学习信心和学习积极性产生负面影响。学生可能会感到挫败和沮丧,对自己的学习能力产生怀疑,甚至丧失对探究式学习的兴趣和动力。这样一来,探究式学习的效果将会大大降低,无法达到预期的成果,甚至可能完全落空。

(4)探究过程的评价者

探究过程完成后,教师需要对学生的探究过程进行评价和反馈,以帮助他们进一步总结和提高。根据探究式学习的流程,通常在探究结束后,学生个人或学习小组会先进行总结,而教师通常不会直接给出总结。尽管学生通过一次探究性学习可以获得不小的收获,但考虑到他们是初学者,总结难免会存在片面甚至错误的地方。通过全班的讨论和交流,可以集思广益,取长补短,在一定程度上克服这些片面性和错误。然而,如果希望全班学生都能对当前的学习对象有较深入的理解和掌握,即从感性认识上升到理性认识,不仅了解事物的表面,而且理解其本质原因,那么教师的帮助和提供进一步指导就是必要的。教师可以通过提供额外的解释、引导深入思考、提出问题或提供相关资源来帮助学生进一步加深对所学知识的理解和掌握。这样的教师支持和指导将有助于学生更全面地理解学习对象,并提升他们的学习成效。

2.学生的主体地位

根据建构主义理论,探究式教学活动必须确保学生的主体地位,因为学习的成效取决于学生在学习过程中的主体地位得到保障。探究式教学模式采用了自主、探究和合作的学习方式,强调学生的自主学习、自主探究以及小组合作学习活动。教学目标主要依靠学生个人的自主探究和学习小组的合作来实现。在这个过程中,学生的主动性、积极性和创造性得到广泛发挥,这种教学模式不仅能够深入理解和掌握知识技能,还有助于培养创新思维和创新能力,即有利于培养创新人才。学生的主体地位通过以下角色得到体现:自主学习者、探究发现者、团体合作者、积极参与者、自我评价者、观点分享者、知识的生产者和思想的贡献者。

以教师为主导、学生为主体的课堂能够激发学生的生命活力,使他们积极参与、专注学习,具有明确的学习目标。综上所述,"主导-主体相结合"的教学关系是探究式教学模式的核心特征。成功实施这种教学模式涉及两个方面:一方面要充分体现学生在学习过程中的主体地位,另一方面要重视教师在教学过程中的主导作用。如果其中任何一方缺失,探究式学习将无法取得成果,无法达到预期效果。

(三)探究式教学模式的实施步骤

探究式教学模式通常包含下面五个实施步骤。

1. 创设情景

为了激发学生的学习动机和自主探究动机,教师可以通过多种方式创设情景。例如,提出一个待探究的问题,要求学生运用当前所学的知识来解决;播放与当前学习主题相关的视频录像;举一个典型的案例;演示专门制作的课件;设计一场活泼有趣的角色扮演。这些活动必须与当前的学习主题密切相关,以达到创设情景的目的。教师通过这些方法创设激发学生学习动机和探究动机的情景,学生进入情景后会形成学习的心理准备,并产生探究的兴趣。

2. 启发思考

一旦学生被创设的情景激发起学习兴趣并形成学习的心理准备,教师应及时提出富有启发性的问题,这些问题应涵盖当前教学知识点。但要避免提出明显答案或明知故问的问题。学生在学习和掌握相关知识和技能时,将带着这些问题进行主动高效的学习任务完成。在问题思考阶段,教师应提供具体的建议和指导,包括学生如何解决问题、利用何种认知工具或学习资源来解决问题,以及如何处理在探究过程中遇到的新问题。学生应认真分析教师提出的问题,明确自己所需完成的学习任务,并通过全面思考形成初步的探究方案。

3. 自主学习与自主探究

在这一步骤中,学生利用教师提供的认知工具和学习资源,或者通过教师指导从网上或其他途径获取工具和资源,围绕教师提出的与某个知识点有关的问题展开自主探究。这些自主学习与自主探究活动包括:利用相关的认知工具收集与当前所学知识点有关的信息;主动对所获得的信息进行分析、加工和评价;在分析、加工和评价的基础上形成对之前所学知识的认识和理解,即学生自主建构对当前所学知识意义的理解。在学生进行自主学习与自主探究的过程中,教师应密切关注学生的学习与探究过程,并适时提供关于有效获取和利用认知工具、学习资源以及学习方法策略的指导。

4. 协作交流

为了进一步深化学生对当前所学知识意义的建构,应组织学生以讨论的形式进行小组或班级内的协作与交流。通过共享学习资源和成果,在协作与交流过程中进一步加深学生对当前所学知识的认识和理解。教师在此过程中应提供协作交流的工具,并适时指导学生如何开展集体讨论、如何处理小组成员的分歧等协作学习策略。教师在必要时也应参与学生的讨论和交流,而不仅仅是在场外指导。协作交流的过程不仅是学生深入完成知识与情感内化的过程,也是学生了解和发展团队合作、沟通和解决问题能力的机会。

5. 总结与评价

学生在进行自主学习和协作交流后,应进行总结和评价。学生可以总结他们在学习和探究过程中获得的新知识、技能和经验,并反思他们的学习过程和学习效果。教师可以引导学生回顾他们的学习过程,帮助他们发现学习中的优点和不足之处,并提供必要的指导和反馈。学生也可以通过评价自己和他人的学习成果,提出改进的建议,以促进个人和集体学习的进步。

三、信息技术与高校英语课程的课外整合模式——研究式教学模式

信息技术与课程整合的教学模式可以概括为"课内整合模式"和"课外整合模式"两种。下面将对信息技术的课外整合教学模式——研究式教学模式做重点介绍。

信息技术的迅猛发展,直接冲击着传统的高校英语教学模式,也直接影响着信息技术与高校英语课程的课外整合模式。为此,进一步探讨信息技术与高校英语课程的课外整合模式,即"研究性学习"教学模式的意义重大。

(一)建构主义理念下"研究式学习"教学模式的内涵与特征

建构主义提倡在教师指导下的、以学习者为中心的自主学习。此种学习既强调学习者的认知主体作用,又不忽视教师的指导作用。教师是意义建构的帮助者和促进者,学生是对信息实施加工处理的主体,是意义建构者。建构主义提倡在教与学的过程中用系统分析、共时方法和深层阐释去分析和解决问题,旨在用"全新科学模式"取代传统的教与学的方法,注重用辩证的方法进行教与学。

1."研究式学习"的定义

研究式学习是一种学习模式,学生在教师的指导下选择并确定一个自然、社会或生活中的专题进行研究。在这个过程中,学生积极主动地进行知识获取、知识应用和问题解决的学习活动。研究式学习以问题为核心,通过小组合作的形式,创设一种类似于科学研究的情景,让学生自己收集、分析和处理信息,亲身感受和体验知识的产生和形成过程,培养学生发现问题、分析问题、解决问题和创造的能力。与传统的接受式学习不同,研究式学习具有自主性、交互性、实践性、开放性等特点。设立研究式学习的目的是改变学生单纯接受教师传授知识的学习方式,为学生构建开放的学习环境,提供多种获取知识的途径,鼓励学生将所学知识整合、消化和吸收,并最终应用于实际实践中。在这一过程中,教师还要注重培养学生的创新精神和实践能力。

2."研究式学习"的特征

研究式教学指的是在建构主义教学思想指导下进行的一种教学和学习方法,要求在教学过程中,教师用科学的方法指导学生以研究的方法进行学习,并在教师指导下,学生充分发挥潜能去掌握知识,运用知识解决实际问题。同时,研究式教学模式要求教师具有创新思维和科学施教的本领,引导学生主动去发现问题、分析问题、解决问题,培养学生创造性学习的能力。目前,研究式学习以其实用性而广受关注。但是,研究式学习作为一种全新的学习理念仍处于探索阶段,对其理论指导意义及实践性还有待做进一步的系统研究。归纳起来,研究式学习有以下特征。

(1)强调学习的自主性

研究式学习注重学生的自主学习,激发学生通过自主学习来驱动自己。学生有权根据自己的兴趣、爱好、个性和特长自主选择研究课题,并独立进行课题研究和完成研究成果,同时自主地进行交流和分享。在整个学习过程中,学生始终拥有较高的自主权,他们是课题的提出者、设计者和执行者,而教师则以合作者、参与者、指导者和促进者的角色存在。

(2)强调学习的交互性

研究式学习具有互动性,这种互动性是由研究课题和研究方式之间的相互作用所产生的。不同的研究课题和研究方式会导致不同的研究内容的生成。互动性体现在师生之间和学生之间的相互作用上,教师和学生通过互动共同完成学习任务和学习内容的构建。

(3)强调学习的开放性

研究式学习将学生置于充满活力、开放、主动和多元的学习环境中,打破了封闭的学习状态,鼓励学生跳出课堂,融入社会。这种开放式的学习体现在活动过程、目标内容和问题解决上,以及学习环境的开放性、多元性和动态性。它为学生提供了更多获取知识的方式和途径。

(4)注重学习的实践性

研究式学习以学生的直接经验为基础,旨在丰富学生的直接经验,使他们能够亲自动手实践,并在实践中进行学习。在学习的过程中,学生通过多种途径如查阅资料、进行社会调查、进行亲身实验、进行走访和实地考察等,获取各种有价值的信息,以及直接经验和亲身体验。这样的学习活动使得学生能够在实践中不断学习,同时在学习中进行实践。

(5)注重过程及学生的体验

研究式学习强调关注研究的过程,而非仅关注研究的结果;它注重培养学生的意识、精神和创造性,而不是单纯追求现成的结论。它以活动的过程作为个体存在和发展的基本形式,强调将学习转化为活动、将活动转化为过程、将过程转化为体验。学生个体的发展不是被动接受的,而是积极主动吸收,自主参与建构过程。

(6)强调师生间的平等

研究式学习要求教师为学生创设轻松、融洽和愉悦的学习环境,使学生在学习过程中获得一个发现世界、探索世界的宽松环境,让他们主动思考,勇于问,敢于想,善于做。师生关系平等有助于双方感悟彼此的思维方式及看待问题的角度,增进了解,互相促进,共同提高,共同进步。

(7)促进创造性与潜在性的统一

研究式学习与传统学习的最大区别就是培养学生的创造性和创新意识。研究式学习是一个能动的创造性的学习活动,能够极大地激发教师和学生的创造热情,调动他们的积极性和主动性。教师和学生注重的是经过思考、探究、综合运用相关理论知识,并把理论知识与实践有机结合,充分发挥自己的想象力、创造力,寻求带有"主观能动性"的解答。研究式学习是具有主观能动性和创造性的学习,它能够帮助学生形成发散性思维,激发教师和学生的创造热情及学习的积极性和主动性。

(二)"研究式学习"教学模式的实施步骤

建构主义认为,学习是一种获取知识的过程,学习者在特定情境(社会文化背景)中依赖他人(包括教师和学习伙伴)的帮助,借助必要的学习资料,通过意义建构的方式获得知识,而非仅仅通过教师传授而得。建构主义教学本质上是一个研究和再发现的过程,通过不断研究和再发现来达到学习的目的。为了实现学习目标,科学的学习方法是必不可少的。

建构主义理论强调以学生为中心,要求学生从被动接受外部刺激和知识灌输的角色转变为主体性的信息加工者和知识意义的主动构建者。同时,教师的角色也要从知识传授和灌输者转变为学生主动构建意义的支持者和促进者。这意味着在教学过程中,教师需要采用全新的教学模式,摒弃以教师为中心的传统教学方法,采用新的教学方法,并运用新的教学设计理念,创造适应建构主义需求的学习环境、教学模式、教学方法和教学设计。

在建构主义理念下,研究式学习的英语教学模式通常包括以下五个实施步骤。

1.提出问题

在此环节中,英语教师通过创设问题情景激发学生学习与研究的兴趣,并由此引出当前研究式学习的主题——自然界或社会生活中有待解决的某个真实问题。

2.分析问题

在此环节中,英语教师应该首先向学生介绍分析问题的方法。例如,由表及里、由浅入深、由近及远、透过现象看本质、客观事例归纳、换位思考、用两点论而非一点论看问题等诸多方法。然后再根据问题的性质和研究的需要教给学生相关的研究方法,如问卷调查法、文献调研法、案例收集法等,并对研究式学习的策略给出具体建议与指导。由于研究式学习的对象是自然界或社会生活中的真实问题,一般都比较复杂,因此,在此环节中,学生在"同化"与"顺应"过程中,教师应随时给予学生引导和帮助。

3.解决问题

这一步骤一般包括两个子环节:提出初步解决问题方案和优化解决问题方案。在这个环节中,研究式学习可以是学习者个人进行自由探索和自主学习,即"自我协商",也可以是学习小组集体进行探索和研究,即"相互协商"。通常情况下,提出初步解决问题方案这个子环节由学习者个人基于对问题的深入分析而自主完成;而优化解决问题方案的子环节通常是学习小组成员通过"会话"和"协作"的成果来达成的。

4.实施解决问题方案

为了节约学习成本,避免浪费,在实施解决问题方案的过程中,注意做好形成性评价,及时收集反馈信息,经常进行反思。根据真实问题的实施情况,随时调整或修正解决问题的方案。

5.总结提高

研究式学习的总结包括个人总结、小组总结和教师总结。小组总结建立在个人总结的基础上,而教师总结则依据个人和小组总结。教师的总结旨在帮助学习者将对客观事物的认识从感性层面提升至理性层面,丰富和完善他们对科学概念和原理的理解。教师总结的目标是培养学习者对问题进行全面、系统和完整的认识和理解,使每个学习者都能够知道事物的表面现象,更加深入地了解其本质原因。

研究式学习是对建构主义教学方法中抛锚法的发展与完善,是建构主义理论广泛应用的产物。开展研究式学习,需要建构主义理论的指导;反之,研究式学习实践又会进一步完善建构主义理论体系,并为建构主义理论广泛应用提供实践经验。

第三节 高校英语网络化教学模式的构建

信息技术对教育的发展带来了革命性的影响。高校需要创新网络教学模式,加强信息技术的应用,提升教师的信息技术水平,更新教学理念,改进教学方法,提高教学效果。同时,鼓励学生积极利用信息工具进行主动学习和自主学习,增强他们运用信息技术进行问题分析和解决的能力,推动普及和应用全民信息技术的步伐加快。如何根据英语教学的特点实现现代信息技术与英语教学的深度融合是高校英语教学改革的关键。

一、英语教育改革的基本思路

(一)教育理念的转变

教育部颁布的《关于英语专业面向21世纪本科教育改革的若干意

见》(以下简称《若干意见》)指出,当前的教育改革是在我国向社会主义市场经济体制过渡的大背景下进行的。因此,如何使英语教育与社会主义市场经济体制相适应,为21世纪的社会主义市场经济体制提供服务,是教育行政部门、高等学校和所有英语教育工作者面临的重要任务。为了完成这一任务,我们必须打破长期沿用的纯语言、纯文学的人才培养模式,这是计划经济体制下的产物。广大英语教育工作者首先需要改变他们的教育思想和教育观念。

需要转变的思想观念主要包括以下几个方面:首先,英语专业教育要主动适应社会主义市场经济体制的需求,以应对21世纪对英语专业人才培养的挑战,以及信息时代和知识经济对学科发展的要求;其次,要妥善处理传授知识、培养能力和提高综合素质的关系,把学生全面素质的提高放在首位;第三,要协调教学、科研和社会服务之间的关系,将教学工作置于学校各项工作的核心地位;第四,要建立良好的教与学的关系,树立学生是教学活动主体的观念,注重培养学生的独立学习能力和创新精神,因材施教,促进学生个性的发展;最后,要处理好本科教育与终身学习的关系。英语专业的本科教育只是学生终身学习的一个阶段,其目标是为学生在未来成为各行各业的专业人才、专家和学者奠定坚实的基础。教育思想和教育观念的转变是这场教育改革的先导,而改革是不可避免的趋势。[①]

(二)人才培养模式的转变

英语是一项技能,只有与特定领域相结合,才能形成专业。过去常见的是将英语与文学、语言学结合起来。在社会主义市场经济条件下,我国高校仍然承担着培养外国语言文学研究人员的任务。然而,我们也必须清醒地认识到,每年我国需要从事外国文学和语言学教学与研究的专业人才数量有限,而大量需求来自英语与外交、经贸、法律、新闻等学科相结合的复合型人才。培养这种复合型英语专业人才是社会主义市场经济对英语教育的要求,也是新时代的需求。

复合型人才培养涉及学科之间的交叉、融合和渗透。不同高校的发

[①]于学勇.高校网络化外语教学模式研究[M].北京:国防工业出版社,2013.

展状况各异,因此复合型人才培养的模式、内容和进程也必须因地、因校、因专业而异。英语专业应根据本专业的发展状况、师资队伍、学生来源、所在地区的社会经济发展需求以及就业市场需求等实际情况,因地制宜,自主确定人才培养模式,选择适合复合型人才培养的专业方向。努力培养具有本地区经济建设和社会发展需求的、受到社会欢迎且具有特色和高质量的复合型英语专业人才,形成学校和专业在人才培养方面的特色。

(三)课程体系的改革

课程体系改革和课程建设是外语专业教学改革的关键和难点。我们需要以21世纪对外语人才的需求、外语人才培养目标和复合型人才培养模式为出发点,重新规划和设计教学内容和课程体系。

当前英语专业课程建设需要完成以下任务:第一,开设与复合学科相关的专业课、专业倾向课或专业知识课,以增强课程的实用性和针对性;第二,探索如何将专业知识的传授与语言技能训练有机结合,提高课程效果;第三,重点研究如何在新课程开设和现有课程改造过程中培养学生的语言实际运用能力,培养学生的思维和创新能力;第四,在确保英语专业技能训练的前提下,加强国家国情研究课程,开设一定数量的中文课程,以弥补学生在汉语写作方面的不足,适当增设一些基础的自然科学课程,加强科学技术知识的教育;第五,探讨复语教学在英语专业中的应用,鼓励学生在掌握所学语言基本技能和运用能力的同时,学习另一门外语。对于非英语专业的学生,尤其是非通用语种的学生,需要特别强调学习英语的重要性。复语教学的形式和层次应根据学生所学语种、师资力量等条件确定。

(四)教学方法和教学手段的改革

为了实现21世纪英语专业人才的培养目标和培养规格,以及教学内容和课程建设的改革,我们需要改革教学方法和教学手段。尽管改革教学方法和教学手段有多种途径,但以下原则是共同的。

1.教学方法的改革应注重培养学生的创新精神和创造能力,强调学生个性的发展。在英语教学中,模仿和机械的语言技能训练是必要的,但也要注意培养学生的分析、综合、批判和辩论能力,以及问题提出和解决能力。

2. 改变以教师为中心的传统教学方法,突出学生在教学活动中的主体地位,注重培养学生根据自身条件和需求进行独立学习的能力。

3. 将课堂教学与课外实践有机地结合起来。课堂教学应重在启发和引导,给学生留有足够的思考空间;课外活动应精心设计,并注意引导,使其成为学生自主学习、思考、实践和创新的过程。

4. 现代信息技术的利用和开发为英语教学手段的改革提供了广阔的前景。

通过改革教学方法和教学手段,我们可以更好地培养出适应21世纪需求的英语专业人才,并提高教学效果。

二、网络信息技术与英语教学的深度融合

在实现现代信息技术与英语教学的深度融合、构建全新的英语教学模式方面,北京师范大学教授余胜泉指出,在信息时代,认知方式正在发生根本性的转变,从个体认知转向分布式认知。为了应对知识和信息的膨胀,我们必须依赖人脑和电脑协同的分布式认知,这是人类适应复杂性的基本思维方式。分布式认知超越了传统的个体认知观点,认为认知的本质是分布式的,认知现象不仅局限于个人头脑中的认知活动,还涉及人与人之间以及人与技术工具之间通过交互实现某一活动的过程,例如计算。

网络信息技术与英语教学的融合涉及教师的教学理念、教学管理、教学内容、教学手段、教学方法以及学生的学习理念、学习方法、学习内容、学习工具、学习过程等方面。要实现信息技术与英语教学的深度融合,首要条件是解决教师和学生的理念问题。

网络信息技术与英语教学的深度融合是基于现代信息技术揭示的新理念,并将其作为英语教学改革的基本理念。网络信息技术融入高校英语教学的各个环节和元素。

传统英语教学过程教师注重的是英语语言文学等知识的传授和听说读写译五项技能的训练。现在教师一般运用教材加上PPT的形式进行课

堂教学活动,课堂教学以教师的知识传授和技能训练为主,教师是课堂的主体,学生参与课堂活动的机会较少。课堂教学成为教师展现自己的舞台,教师是主角,学生是观众或配角。

在基于信息技术的英语教学中,教师在教学的每个环节中扮演主导角色,学生则担当主体角色。教师需要明确自己的教学理念、教学方法、教学目标、教学手段、教材与网络资源、教学活动、教学环境等教学元素,并了解学生的学习理念、学习方法、学习目标、学习手段、学习活动和学习环境等学习元素。信息技术融入教学过程的每个元素和环节中。信息技术的发展在基于信息技术的英语教学中,教师在每个教学环节中起着主导作用,而学生则扮演主体角色。教师需要明确自己的教学理念、教学方法、教学目标、教学手段、教材和网络资源,以及教学活动和教学环境等教学要素,同时也需要了解学生的学习理念、学习方法、学习目标、学习手段、学习活动和学习环境等学习要素。信息技术与教学过程中的每个要素和环节相融合。信息技术的发展衍生出新的教学理论、教学方法和教学手段,而教学要素又推动了信息技术的发展和应用。

信息技术对教师和学生提出了新的挑战。教师需要拥有新的教学理念,熟悉现代信息网络技术,并改变传统的教学模式。学生也需要具备新的学习理念、学习方法和学习手段。这种变革对教师的教学和学生的学习提出了更高的要求。教师必须具备教学科研能力,而学生则需要具备自主学习和研究性学习的能力,因为学生可以通过网络资源库获取所需的专业知识,而教师的教学应侧重于培养学生的理念和语言综合能力。

高校英语教学的任务是培养英语复合型人才,因此高校英语教学的目标是培养学生的综合语言能力。综合语言能力包括八个元素:语言知识、语言技能、专业知识、认知策略、交际策略、情感态度、文化意识和人文素养。语言知识、语言技能、专业知识是语言应用能力的基础,认知策略、交际策略、情感态度、文化意识和人文素养是语言运用得体的保障。

三、高校网络化英语教学模式的构建

高校英语教学改革必须实现三个转变:以"教"为主,向以"学"为主的转变;以"课堂教学"为主,向"课内外一体化"的转变;以"终结性评估"为主,向"形成性评估"与"终结性评估"相结合的转变。实现三个转变的前提是教学模式改革。教学模式改革涉及教学理论、教学目标、课程体系、教学方法和教学手段的改革。

(一)课程体系

英语教学要建立"精语言、通文化、懂专业"的课程体系。

"精语言"意味着要打下坚实的语言基础,注重培养语言能力和交际能力。这包括灵活运用语音、词汇、语法和相关英语知识,以达到准确发音、流畅自然的语调,符合规范的用词和句子结构,得体的表达,熟练掌握听、说、读、写、译的技能,并具备较强的英语应用能力。

"通文化"意味着在注重知识传授和技能培养的同时,不断加强对学生的文化教育。它旨在提高学生的跨文化交际能力,拓宽学生的国际视野。语言是文化的载体,也是文化的表现形式。没有语言,文化无法代代相传,无法得以发展。同时,文化构成了语言表达的基本内容,它推动了语言的形成,并促进语言的发展和变化。如果没有文化作为内涵,语言符号系统将变成空洞的外壳,难以推动社会发展。通过学习外语和文化,了解文化差异,学习者可以以多视角观察世界,以多维方式思考问题。将语言教学与文化教学结合起来,培养跨文化交际能力,还能提高学生学习英语的积极性和主动性。

"懂专业"就是在夯实学生的语言应用能力和提高学生文化素养的同时,不断完善课程体系和教学内容,增加与具体专业相关的专业英语课程,加强学生综合语言能力的培养。

高校英语学习分为三个阶段:基础阶段、中级阶段和高级阶段。基础阶段是高中英语学习的继续,重点是继续加强学生英语的听、说、读、写、译五项基本技能的训练;中级阶段主要开设文化类、翻译类和学术写作类课程,培养学生的跨文化交际能力、口笔译能力和学术论文写作能力;高级阶段是专业英语,主要开设特殊用途英语(English for Special Purpose, ESP),ESP课程开设的目的是顺利实现向双语专业课程和全英语专业课程的过渡。专业英语课程是将语言应用与专业知识紧密结合的课程,不仅是语言课程,也不仅是专业课程。它涉及科技英语文体的特征,并涵盖一定的专业内容和信息交流,二者相辅相成。专业英语与基础英语最大的不同在于句子较长,专业术语较多。因此,课程应根据实际专业交流的需求,要求学生掌握一定的专业英语词汇和语言特点,培养他们综合运用英语和专业知识解决问题的能力,包括获取专业文献信息、跟踪科技前沿和促进创新思维发展。

高等学校英语专业培养目标是培养具备扎实语言基础和广博文化知识、能熟练运用英语从事翻译、教学、管理研究等工作的复合型英语人才。根据英语专业教学规律,通常将教学过程分为基础阶段(一、二年级)和高年级阶段(三、四年级)。

基础阶段的主要任务是传授英语基础知识,培养学生实际运用语言的能力,为进入高年级打下坚实的专业基础。高年级阶段的主要任务是进一步巩固语言基本功,学习英语专业知识和相关专业知识,扩大知识面,提高对文化差异的敏感性,提升综合运用英语进行交际的能力。在两个阶段中,课程的安排可以有所侧重,但应将整个四年的教学过程视为一个整体,始终注重打好语言基本功。以英语专业为例,根据《高等学校英语专业英语教学大纲》,英语专业课程分为英语专业技能、英语专业知识和相关专业知识三种类型,通常使用英语进行教学。

(二)网络化英语教学模式的建构

网络英语教学模式是通过利用网络技术构建的一种教学模型,其设计基于教学理论和教学思想,旨在实现英语教学目标。该模式涵盖了教学理念、教学手段、教学方法、教学框架和教学流程,是英语教学与网络技术深度融合的成果。网络英语教学模式具有以下特点:指导性,即提供明确的指导和指引;目标性,即以教学目标为导向;可操作性,即易于实施和操作;系统性,即具备完整的教学体系;发展性,即能够不断发展和完善;稳定性,即保持稳定的教学效果;灵活性,即能够根据不同情况做出调整和适应。

任何教学模式的建构必须依靠一定的教学理念和理论,教学理念和理论是网络英语教学模式的灵魂。网络化英语教学理念是英语教学理论与网络信息技术深度融合的结果。它随着网络技术的发展而产生,并指导着网络技术的发展与应用。教学目标是英语教学的起点和终点,根据不同的教学对象和要求,确定了不同的教学目标、教学手段和教学方法。高校网络化英语教学活动的基本结构是在一定的教学理念指导下,利用网络信息技术和灵活的教学方法,实现了"课前导学""课堂教学""课后应用"和"综合评估"的"四环互动"。

"四环互动"突出了以学生为中心的现代教育思想,强调学生在学习中的主体地位,使学生的学习由被动变为积极参与式的学习。在"课前导学"中,教师根据教学目标和要求下达学习任务,并指导学生学习方法和学习手段。"课堂教学"依靠网络技术,集成了听力、口语、写作、阅读和翻译等不同课程的教学平台,采用启发式和互动式的教学方法。"课后应用"在完成课后作业的基础上,通过口语或写作的输出形式加强学习,实现教、学、用的一体化。"综合评估"结合了形成性评估和终结性评估,覆盖了"课前导学""课堂教学"和"课后应用"的每个环节。

网络化教学模式依托网络信息技术,使英语教学不再受时间和地点的限制,朝着个性化学习和自主式学习的方向发展。尽管新的教学模式给学生带来了许多好处,但也对学生的学习能力和学习方式提出了新的要求。在这种模式下,学生需要具备较强的自主学习能力,自觉地完成网络平台中的学习任务。

第四节 高校英语网络化教学模式的应用

随着多媒体网络技术的迅猛发展和对建构主义学习理论的深入研究,将网络引入高校英语教学领域已经成为一种可行的方式,它扩大了教学空间,拓展了教育平台,并且有助于提高教学质量。

一、网络教学模式的特征

多媒体网络教学是指运用多媒体网络技术形成文、图、声、像并茂的教学情景,在网络环境下实现人机交互的教学方式。网络教学模式依托校园网,符合现代教育技术的发展趋势,既能集中管理学生,又能给学生提供主动参与、自主学习的学习平台,是传统教学与网络化教学的一次有效的尝试。与其他教学模式相比,网络教学模式具有以下特征。

(一)网络教学模式明确了教师与学生之间的关系

在这一模式中,教师的主导作用主要集中体现在给予学生正确的学习主题,对学生的学习动机进行激发与引导,对学生学习行为进行评价三个阶段。教师在这三个阶段的主导作用,可以帮助学生更加有效地学习,从而形成学生的主动探索、自主发现式学习。

(二)网络教学模式突出计算机网络技术的模拟仿真作用

"技能训练情境化"模式是网络教学模式中的特色子模式之一,该模式大量运用模拟仿真进行形象化、直观化的教学,从而极大地减轻学生形象思维的困难。

(三)网络教学模式适应学生对教学进度的自主需求

由于学生在个性能力上存在差异,以班级同步进度方式的教学显露出许多弊端,学生已经迫切要求能够自主选择决定教学进度。网络教学模式则完全可以满足其要求,当学生对规定的教学进度感到不适应时,则可自主决定延长、缩短教学进度或重新制订教学进度。

网络教学模式以"双主模式"为基本模式,构建既符合总要求,又符合课程特点,能充分发挥网络优势的子模式。对理论性较强的文化和专业基础课程,应采用"理论知识主题教学"子模式;对实践性强的专业课程,则采用"技能训练情境化"子模式。"理论知识主题教学"模式,就是把教学内容中的科学理论部分,依据知识点的不同,划分成若干层次的主题,教学过程按照置疑—主题导航—激发动机—组织探索—应用主题—评价—重复练习等阶段组织实施。[①]

二、网络化高校英语教学模式的设计

网络化的高校英语教学模式是一种基于网络环境的教学模式。教师

---

① 李萍. 基于多媒体网络化的高校英语教学管理模式[J]. 管理观察,2015(14):120-121.

分析教学目标,建构网络教学环境,提出英语教学过程中的整合方案;学生在明确学习目标的基础上,通过网络教学平台,在教师的引导下自主地完成学习任务。在这一过程中,教师要充分引导学生分析问题、制订学习进度和自主探究学习,最终解决问题,师生共同归纳总结。这种教学模式的创新特色,集中体现在以网络教学平台贯穿教学全过程,由学生自主学习、归纳总结,从而真正做到培养学生的创新精神和自主学习能力。

三、高校英语网络教学模式的教学实践

我们在高校英语网络化教学模式的改革实践中,在互联网大环境下,以校园网作为主要依托,以英语学习网站作为主要教学环境,结合教材光盘中的语言知识和技能,实现高校英语教学过程的网络化。

(一)在线学习

通过充分整合多种媒体的优势,特别是数字音频和视频的优势,创造了一种图文并茂、人机互动的课程设计体系。专题学习注重听说,同时重视阅读和写作,并添加文化概况和课文背景等内容,以便学生在扩大知识面的同时,学习西方文化的精髓。学生可以根据个人需求自主选择学习内容,进行非定时、多地点的学习,充分调动他们的积极性和主动性。电子教案作为课堂教学的补充,让学生自主选择相关学习内容,下载和观看电子教案,加深对教学内容的理解和掌握,巩固知识。学习交流充分整合教师资源优势,通过实时和非实时的讨论形式,采用BBS和E-mail等方式对学生自主学习中的问题进行讨论和答疑。

(二)学习资源

学习资源主要包括一个资源中心库,教师可以将自己使用的或收集到的相关资源上传至资源中心,学生可以通过网络根据自身需求从资源库中获取资源,进行专题学习。教师和学生都可以根据个人需求从中搜索材料、重新整合,构建新知识,形成自己的作品。资源中心按不同类型进行分类管理,包括教学课件库、等级考试题库、视频库、音频库、教学案例库、阅读材料库、文献资料库等。

(三)学习管理

教学管理是提高教学质量的关键环节,主要包括对教学和学习过程的监控、记录、评估和反馈。其中包括学生注册、在线学习记录、学生分级管理、成绩分析反馈等四个主要教学模式功能。学生注册用于监控学生的注册编班情况,学生在参加相关专题学习后,根据自身时间、教师资源和教材选用情况选择不同的学习专题,这既避免了学生水平差异给教学带来的不便,又给予教师和学生较大的学习自由度。在线学习记录用于监控学生的学习过程,包括学习时间、学习进度、在线学习成绩等。这个记录既可以督促学生学习,也可以作为平时成绩计入总成绩。学生分级管理通过在线测试对学生的语言水平和语言技能进行分析,并建议他们进入相应级别的学习。成绩分析反馈用于跟踪、评估和反馈学生的学习活动,使学生了解自身不足,从而进行改进,不断提高。

(四)在线测试

在线测试教学模式是基于Internet和试题库的自适应型测试,具备升级功能,使学生能够了解学习进展并进入下一阶段的学习。通过各种水平考试测试学生的学习效果,如听力测试、阅读测试、词汇测试等。如果学生通过该类测试,就可以进入下一阶段的学习;否则,需要重新学习已掌握的专题内容,直到通过水平测试为止,才能进入下一阶段。

随着多种媒体的整合和数字音频、视频等优势的发挥,高校英语教学引入了全新的课程设计体系,图文并茂,人机互动。专题学习以听说为主,同时注重阅读和写作,辅以文化概况、课文背景等内容,使学生能够扩展知识面,学习西方文化的精髓。学生可以根据个人需求选择学习内容,进行灵活、非定时、多地点学习,调动积极性和主动性。电子教案作为课堂教学的补充,让学生自主选择相关学习内容,下载观看电子教案,深化对教学内容的理解和掌握,巩固知识。

四、高校英语网络教学模式的主要优势

以网络环境为基础的英语网络化教学与传统的高校英语教学(即黑板、书、粉笔、教师加课堂)相比,主要体现出来的优越性总结如下。

网络教学的使用允许各高校充分利用网络和社会资源,从而在一定

程度上减轻当前高校英语教师短缺的问题。学生可以根据自己的水平选择适合自己的学习内容,这也使得不同层次的英语教育工作者成为学习者与教育资源的连接者,成为一种新型的教育工作者,有助于缓解高校英语教师短缺的问题。同时,网络教学提供了更多教学信息和表达手段,对教师自身和教学效果的提升有益。

  网络教学为学生提供了交流和口语练习的机会。众所周知,高校英语课程具有很强的实践性,学生需要积极参与和实践,成为学习的主体。除了传授语言知识外,课程教学还应成为语言实践的重要场所,也就是说,学生需要在课堂上运用所学的知识进行实践,以逐步提高英语交流和综合能力。通过网络教学,学生可以在线人机对话进行口语练习,也可以通过聊天室、BBS论坛等与他人甚至外国人用英语交流,而无须担心被笑话。这种交流形式多样,既可以同步,也可以异步;可以是一对一,也可以是多人;可以是封闭的,也可以是开放的;可以通过文字、视频和音频进行。

  网络英语教学有利于培养学生的自主学习能力,真正实现个性化学习。网络教学的人机交互模式使学生和教师在物理位置上分离,使得教学活动不再完全依赖教师,这有助于学生成为自主学习的主体,实现以学生为中心的教学,真正体现学生在教学中的核心地位,促进个性化学习,调动学生的积极性和主动性,有助于提高学生的英语综合运用能力。

  总之,随着计算机技术和网络技术的普及和发展,互联网为英语教学提供了广阔的延伸空间。将信息网络化引入英语课堂,优化英语教学已成为不可避免的趋势。希望网络教学模式能够尽快在英语课堂中得到广泛应用,为我国培养更多优秀的外语人才,以适应国际竞争的需求。

第七章 跨文化交际与高校英语教学模式创新

第一节 文化导入与交际能力的培养

当前,高校英语的教学目标之一是帮助学生掌握语言学习的方法,打下坚实的语言基础,提高多元文化素养,从而满足社会发展的需要。语言既是文化的载体,又是学习文化的重要工具。语言与文化之间的联系十分密切,所以,进行语言学习的过程也是语言文化学习的过程。当前,不同国度及不同文化背景的人们联系越来越紧密,跨文化交际能力已经成为当前全球化形势下的迫切需求。所以,在高校英语教学中,培养学生的跨文化交际能力尤为重要。这就要求教师在教学过程中,不仅要将基础语言知识传授给学生,还要帮助学生了解和掌握更多文化方面的知识,提高学生跨文化交际意识,进而提高跨文化交际能力。[①]

一、文化导入

(一)文化导入的重要性

多年来,传统的教育方式一直在我国高校英语教学中扮演着重要的角色。高校英语课堂通常采用传统的听说法、语法翻译法等教学方法,而高校英语四、六级考试则成为教学的指南。然而,这种传统方式使得英语课堂相对单调。语言不仅是文化的承载工具,也是文化交流的必要手段,因此,在语言教学中应重视引入文化元素。

克拉姆契教授来自美国加州大学,在他有关文化和语言的研究中指出,文化在语言学习中并非可有可无的技能,而是排在听力、口语、阅读和写作教学之后的重要组成部分。从学习外语的第一天起,文化就开始

---

①徐敏. 大学英语教学中文化导入与跨文化交际能力培养[J]. 吉林省教育学院学报,2014,30(01):49-51.

渗透到整个学习过程中。如果不注意,它会使学习者心神不宁,并暴露他们在交际技能方面的不足,对他们理解周围世界的能力提出挑战。因此,要掌握一门外语,必须了解该语言环境下的文化背景知识。

(二)文化导入的内容

文化导入的内容非常丰富,主要包含以下几个方面。

1.影响语言交际的文化因素

语言交际受到文化因素的影响,包括寒暄、致谢、道歉、邀约、打电话等用语的规范和禁忌。例如,在中国,人们通常在见面时会问对方的行踪或用餐情况,随着对话的深入,他们很快会询问对方的年龄、婚姻状况、职业收入等私人话题。然而,在跨文化交际中,这种提问方式常常会让不了解中国文化的外国人感到惊慌或尴尬。而在学习英语文化的过程中,我们会发现英语国家的人们在见面时通常谈论的是天气、电视节目等话题,很少涉及对方的年龄、婚姻状况、收入等涉及隐私的话题。

2.词汇的文化内涵

词汇承载着文化,与文化之间存在紧密联系,因此,词汇教学就是文化教学。传统的词汇教学仅仅停留在读音、拼写、词形变化和字面意义等表面层面,对词汇的文化因素关注不够,这导致许多学习者在理解和使用词汇时产生误差,影响了跨文化交际能力的提升。

在不同的语言或文化中,同一事物可能引起完全不同的联想,即词汇具有不同的文化内涵。例如,在中文中,"狗"有时被视为令人厌恶的东西,象征卑劣可恶的品性,代表贬义,如"狗眼看人低"或"狗奴才"。然而,在英语中,"dog"却是褒义词,被视为可爱的事物和人类最忠实的朋友。因此,在英语中,当称赞对方很幸运时,可以说"You are a lucky dog!"。又例如,"龙"在中国文化中具有重要地位,是中华民族的象征,因此许多学生将"龙"与英语中的"dragon"等同起来。然而,在英语中,"dragon"一词表示西方神话中的一种强大怪物,外形类似于长着蝙蝠翅膀的蜥蜴,象征残暴。因此,这两者并不等同。

3.英语国家的政治、经济、地理、历史、文学和现代社会状况

西方文学应成为高校英语文化教学的重要组成部分。文学是语言的

艺术,教师应当鼓励学生阅读著名作家的经典文学作品,这有助于提高学生的文学素养,也能让他们了解西方社会人们的意识形态和风俗习惯。同时,学生还应该了解英语国家的政治、经济、地理、历史和现代社会状况,以获得更全面的文化背景知识。

4.中西方价值观和思维方式的差异

在语言中,中西方的价值观差异也有很多体现。个人主义和个人价值在西方文化中非常重要,因此,在英语中存在许多由"ego"和"self"构成的词组。英语谚语中也有很多表达个人力量和个人与命运斗争的句子。而中国文化崇尚集体主义,集体价值至关重要,许多中国谚语也反映了这种价值观念,比如"众人拾柴火焰高""独木不成林"。

中西方人的传统思维方式也存在差异,中国人从宏观到微观思考,而西方人从微观到宏观思考。这种思维差异直接导致了两种语言在句式上的不同。中国人的综合性思维在语言中表现为意合,即汉语句子通过字词的意义连接起来,词语或语句的连接主要依靠语义或语句之间的逻辑关系来实现。从形式上看,汉语句子通常简短且结构较为松散。而西方的个体性思维在语言中表现为形合,即注重词语或句子之间的外在逻辑形式,强调通过语言形式来实现词语或句子之间的连接,因此句子结构更为严谨,长句和复杂句较为常见。

中西方的价值观和思维差异也体现在人际交往和言辞方式上,这些差异经常导致跨文化交际的障碍甚至失败。因此,在跨文化交际过程中,我们需要注意价值观和思维方式的差异,以提高跨文化交际的效果。

5.非语言交际

非语言交际包括以下几种方式:首先是体态语,包括姿态、礼节性动作、头部、面部、手部、腿部的动作,以及眼神交流等;其次是副语言,包括沉默、话语交替以及各种非语义的声音;第三是客体语,涵盖了皮肤的修饰、个人气味、服装和化妆、个人用品,以及家具和车辆所传达的交际信息;最后是环境语,包括空间和时间的信息,以及建筑设计和室内装饰等。前两种方式属于"非语言行为",而后两种方式则属于"非语言手段"。

(三)文化导入的原则

1. 相关性原则

在培养学生跨文化交际能力的过程中,文化导入的首要原则是确保文化导入与语言能力的培养相关,文化导入应为语言服务。当学生阅读一篇英语文章时,可以先介绍相关的文化背景知识。例如,在《新视野大学英语》第二册第六单元中涉及英语姓名的常识和不同姓名所隐含的意义,应该向学生进行解释。此外,文化导入还可以对语言材料中蕴含的文化成分进行解释。

2. 实用性原则

文化导入的内容不可能面面俱到,因此需要有选择性地教授与学生知识面拓宽、现代化和占主导地位的文化内容。文化导入的内容应与日常交际密切相关,同时也应考虑学生未来从事的职业。这样一方面可以避免学生觉得语言和文化之间的关系过于抽象,另一方面可以将文化教学与交际实践相结合,从而激发学生对学习语言和文化的兴趣。

3. 循序渐进原则

在安排文化导入的内容时,应当具有目标性和针对性,并遵循循序渐进的原则。对于初级阶段的学生,可以采用词汇与文化相结合的导入方式。词汇是语言的基础,而其中涉及的文化差异可以激发学生的学习兴趣,并转化为强大的学习动力。在初级阶段,还可以导入与交际相关的文化知识,培养学生的跨文化意识,以便在使用英语进行适当交流时避免不必要的尴尬。对于高级阶段的学生,可以引入更深层次的文化信息,如宗教信仰、道德观念、价值观以及不同社会形态等文化差异。

(四)文化导入的方法和途径

1. 在高校英语课堂中加强文化导入

为提升高校英语课堂的文化教学,可以制订新的教学大纲,明确文化导入的原则、内容、方法和途径,确保教学有条不紊。教师可以利用教材中的相关资料传授文化知识,同时高校英语教师也需深入了解英语文化,随时进行文化教学。针对课本中的成语、典故、谚语、俚语、委婉语、禁忌语等进行文化诠释;针对听力教材中的打招呼、称赞、祝贺、道歉、告别等对话内容进行中西方文化对比,进行文化导入。考试大纲也应相应修改,增加文化知识的考查比例,以激励学生学习文化知识,提升语言运用能力,最终培养跨文化交际能力。

2.第二课堂中培养文化能力

第二课堂指的是高校英语课堂以外的选修课,如"英语国家概况""跨文化交际""商务英语""英语电影欣赏""英语演讲""职场英语"等。学生可以通过这些课程获取高校英语课堂中所不涉及的英语国家文化知识,拓宽思维,丰富文化知识,从而提升跨文化交际能力。

3.第三课堂中拓展文化

第三课堂是指非正式课堂环境下的灵活活动,通过创造不同场景,以语言运用为目的,补充第一和第二课堂的内容。例如英语角、英语歌曲和戏剧比赛,外教进行文化讲座,以及英语文化月活动等。同时,学校可以在校园网络上建设多媒体平台,促进师生互动和自主学习,完善高校英语网络教学环境和学习软件,定期更新英语网络学习资源库,打造全方位、多层次、跨时空的校园网络教学平台系统。通过高校英语课堂、第二课堂和第三课堂的综合培养模式,突破传统的课堂教学,实现全面、多维度的学习方式。只有第一、二、三课堂相互配合,才能促进语言文化的输入和输出,提高学生的学习兴趣,达到最佳的学习效果。

二、交际能力的培养

(一)高校英语教学中交际能力培养的重要性

从外语教学方面来看,在高校英语教学中培养学生跨文化交际能力越来越重要。高校英语教学是为了让学生能够准确地综合应用英语知识,用英语进行交际。要想进行更好的交际,就不能仅仅停留在语言表面上,还要重视文化的学习。对交际有影响的不仅仅是文化,还有一个民族的思维,交际与文化之间是相互影响、相互作用的。交际行为与交际环境有着密切联系,当来自不同文化环境的人们进行交流时,需要通过交际环境对内容进行预测,要知道正在发生什么,应该说什么,还要对说话人的意图进行预测。由于交际与文化之间的关系,所以,在高校英语教学中,要重视对学生进行跨文化交际能力培养。

在当前高校英语教学过程中,普遍存在着语言教学多,文化教学少;课内知识教学多,课外知识教学少;对语言学习能力重视程度高,对语言实际应用能力重视程度低的问题。在传统高校英语教学模式下,教师重视语言知识的讲解,忽视学生实际语言应用能力的培养,进而导致学生跨文化交际能力得不到有效提高。教学理念及教学方式跟不上时代的发展,影响了人才的综合素质培养。

(二)高校英语教学中培养跨文化交际能力的策略

1.结合课堂内容,进行文化导入

对于一种文化的了解与深入探究,最好的方式就是将自身放置于文化环境当中。对大学生来说,感受异国文化的主要途径是教材与课堂教学。所以,教师要利用好课堂时间与英语教材。在课堂上,教师要发挥自身作用,将英语国家的文化背景及相关知识合理地穿插在教学过程中,教师可以结合当地的文化、习俗、生活及地理环境,根据学生的实际知识结构,将这些内容添加到教学中,将学习内容及文化背景结合在一起,提高学生的跨文化交际意识。

2.创设语境

语言具有丰富的内涵,对语言的学习离不开语言环境。在高校英语教学过程中,教师要准备丰富的语言环境,吸引学生注意力,为学生创造较好的交际环境,使学生投身于语言文化氛围中,让学生在创设的语境中将自己所学的知识灵活地表达出来,从而逐渐地提高自身跨文化交际意识和能力。教师不仅需要对教材中涉及的文化背景进行讲解,还需要对其文化意义及文化规范进行讲解,为学生设置特定的社会文化氛围,让学生进行角色扮演。

3.更新教学理念,提高教师素质

在我国传统英语教学中,教学活动的开展大多在课堂上进行,并且教师在课堂上发挥主导作用。学生的学习在很大程度上受到教师的影响,如果教师将教学重点放在语言知识教学上,学生就不会对语言的实际应用引起重视,进而导致学生的跨文化交际能力不能得到培养与提高。所以,教师要更新教学理念,认识到培养学生跨文化交际能力的重要性,加强自身能力的提高,对英语国家的各个方面的文化知识进行更深入的了解,不断丰富自己,提高自身跨文化交际能力,激发学生学习英语的兴趣,进而培养和提高学生的跨文化交际能力。

4.开展课外文化活动

为了加强文化教育,学校可以通过英语活动为学生提供与外教及外国留学生沟通与交流的机会,让学生通过交流,真切地感受中西方文化差异,培养学生英语思维,让学生使用正确的英语沟通方式表达自己的看法。在课外,教师还可以引导学生成立英语学习社团、排练英语短剧、举办英文歌曲比赛或朗诵比赛,让学生更加深入地了解英语语言国家的文化;开展专题讲座,向学生讲解中西方文化差异。通过这些活动,学生能深刻地体会到中西方文化的差异,感受语言及文化背景,提高自身跨文化交际能力。教师还可以推荐学生阅读英文的文学作品,拓宽视野,掌握非语言交际的方法与技巧。

5.利用多媒体了解文化

缺乏真实的英语使用环境成为英语学习的最大困难。将原版英语电影的精彩片段作为教学内容,能够有效地为学生创建良好的英语学习环境。电影是一种重要的文化传播途径,故事的叙述、故事的情节及人物关系等都体现着文化的差异。原版英语电影具有真实、生动的特点,再现英语国家在进行交际时的真实场景,这是提高学生跨文化交际能力的重要途径。所以,在大学英语教学课堂上,教师需要将多媒体设备充分利用起来,为学生选择思想健康、具有丰富文化内涵的素材。在学生观看过程中,教师需要对学生不理解的部分进行文化讲解,同时,教师还可以为学生设置问题,让学生带着问题进行观看,深层次地理解文化差异。

跨文化交际能力不仅仅在文化知识及交际技巧上能体现出来,更重要的是应用到实际的跨文化交际过程中。所以,教师不仅要重视在课堂培养学生的跨文化交际能力,还要对学生的实际应用能力进行培养。教师可以通过教学方式的改变,在课堂中巧妙地引入文化,为学生创设语境,不断更新教学理念,提高自身水平,帮助学生开展丰富的课外文化活动,利用多媒体资源开展教学,从而培养学生跨文化交际能力,促进学生的综合发展。

第二节 跨文化交际与高校英语教学模式的关系

一、高校英语教学对于跨文化传播的重要性

语言在跨文化传播中起着重要作用,与文化之间存在着密切联系。

首先,语言和文化具有许多相似之处。它们都是民族或群体区别于其他群体的标志,是社会的重要组成部分。语言和文化在社会交往中同时进行后天的习得过程,并且它们通常交织在一起,联系紧密。语言的产生和发展使得人类文化得以产生和传承,没有语言就没有文化,没有文化就没有语言。同时,语言是一个符号系统,是主要反映和传播文化的途径,也是文化的重要组成部分。广义上来说,文化包括语言,它帮助人们将认识和自然、文化、环境联系起来,组织和协调社会活动。

其次,文化始终在影响着语言,它是语言形成和发展的推动力。语言既是文化的承载者,也是文化的反映。从群体的角度来看,文化是语言所反映的内容;从个体的角度来看,文化因素决定语言的具体运用。而这一切都离不开传播。"文化-语言-传播"构成了一个庞大的人类活动系统。语言是主要的传播方式,文化构建了传播的环境。语言的传播环境也被称为语境,它包括客观环境和社会文化环境,这些因素不仅影响着语言的使用,也对传播效果产生影响,环境对语言和传播行为起着作用。从这个角度来看,文化也在影响着语言和传播。反过来,传播推动着语言和文化的发展。人们通过传播活动来学习语言和文化,同时传播活动也使文化通过语言得以共享。

综上所述,文化、语言和传播之间的关系是:传播是一个动态的信息传递过程,以语言和非语言作为途径,以文化作为环境。传播依赖于语言和文化,同时也促进着语言和文化的学习和交流。因此,高校英语教学作为语言教学,对于跨文化传播的重要性不言而喻。

二、高校英语教学的内在跨文化要求

《大学英语课程教学要求》明确指出了高校英语教学具有跨文化的内在要求。作为一门外语教学,高校英语教学本身就包含了语言与文化的紧密联系。英语语言必然承载着英语文化的特点。因此,高校英语教学不可避免地涉及英语语言和文化的教学,并且应该是跨文化的教学。

同时,高校英语教学的最终目标是培养学生的跨文化交际能力,使他们能够在今后的学习、工作和社会交往中有效地使用英语进行交流,以适应我国社会发展和国际交流的需求,也就是跨文化传播的需求。跨文化传播研究成果对外语教育产生了重大影响。当跨文化交际学揭示了语言、文化和交际之间的关系后,语言教学专家们意识到语言教学离不开文化因素,外语交际即为跨文化交际。因此,外语教学具有巨大的潜力,可以同时进行文化教学和培养跨文化交际能力。

第三节 跨文化交际背景下的高校英语教学模式分析

在全球化进程越演越烈的背景下,不同国度、不同文化背景的人开始寻求双向互动。大学生作为这个时代的主流团体,在进行英语学习过程中,不仅希望通过语言的交流而了解彼此的民族文化,还要在这一交流的过程中培养彼此的跨文化交际能力。作为培养大学生的主要阵地,高校应该以跨文化交际为切入点进行构建科学的大学英语教学模式,以期更有效地开展国际之间的文化交流,培养英语实用型人才。[①]

自我国改革开放以来,社会经济的飞速发展吸引了诸多国外友人的到来。与此同时,我国教育领域适时地培养高素质、高专业型人才进行交流互换,以此来让外国友人了解中国的文化和发展。随着人才的互换,我国已然加入了跨文化交流的新领域。随之而产生的就是对我国大学英语教学模式的思考,如何创新英语教学模式,让更多的优秀人才成

[①] 何婷婷.基于跨文化交际能力培养的高校英语教学模式探讨[J].文化创新比较研究,2017,1(19):114-115.

为跨文化交际领域中的佼佼者,已经成为当前社会各界人士关注的重点问题。

一、跨文化交际分析

(一)跨文化交际的含义及重要性

不同语言或者不同国度之间的人进行语言方面的交流互动,我们将这一特点称为跨文化交流。语言是连接不同文化的纽带,各种背景的人通过语言进行沟通。每种语言都具有其独特的特点和国家性质。了解一个国家的文化,并将文化背景融入语言中,才能真正实现有效交流。因此,在大学英语教学中培养和应用跨文化交际变得非常重要。

大学英语教学的目的是培养高素质型的英语专业人才,以此来达到国家之间的文化经济交流。因此,英语人才除具备良好的听说读写能力之外,还要了解相关国家的文化,以此融入语言交流中。在进行跨文化交际培养的过程中,不仅仅要重视对学生传统文化的输入,更主要的是让学生了解外国人的说话习惯、思维方式、生活行为,以他们的角度来进行交流和学习,从而达到跨文化交际的有效化。大学英语课程主要包括对传统文化的了解和延伸,在这一过程中,大学英语教师应该对相关国家的民族特性进行查阅,收集资料,制作讲课备案,以此增添课程环节,做到课堂内容与实践相连接。让学生能够在大学课堂内感受到不同文化背景的氛围,从而不断地提高英语实践应用能力。

从实际理论的角度来说,跨文化之中的文化也包含着语言,语言和文化互为组合,却有不同的性质。学习一门语言最重要的是学习国家的文化,以此实现自身口语水平的提高。培养大学生的英语跨文化社交能力有利于促进我国教育领域的发展创新,培养大学生的英语学习能力与兴趣,增强大学生的对外社交能力。另外,我国大学生通过培养跨文化交际的能力,能够更全面地了解国外文化。

(二)跨文化交际的主要特点

跨文化交际具有以下特点:①差异的文化性。跨文化交际的形成就是不同国度文化相互交流而产生的,它隶属于不同国家的文化背景之中。②共同语言性。不同语言的人在进行交流时,需要使用同一种语言以便达到互动和应用,因此,我们把这一特点叫作共同语言性。③口语表达的直接性。两个人之间进行跨文化的交流一般形式都是通过口头表述,进行面对面式的沟通。

二、跨文化交际视角下大学英语教学模式存在的优势和不足

(一)跨文化交际视角下大学英语教学模式的主要优势

跨文化交际领域下的大学英语教学模式改革一旦实现,学生从内涵本质的角度去学习英语也就取得了成功。英语教学并没有固定的模式,但其中存在的规律却很容易掌握,在跨文化交际视角下,教师很容易通过文化的渗透帮助学生找寻英语学习的方法和本质,通常比教师的理论性讲解更有效。另外,跨文化交际的实现,有利于加强学生和教师之间的交流和理解,增强课堂的有效互动,让教学模式更加新颖。

(二)跨文化交际视角下大学英语教学模式出现的不足

万事万物都存有两面性,跨文化交际的优势明显大于劣势,但是不可否认,跨文化交际在我国仍然存在弊端,我们从以下几点进行分析:①以外国的角度和文化理念来学习英语,将会不可避免地削弱我国文化,在宣传渗透国外理念的情况下,是否能够合理宣传外思想将决定大学生对于本土文化的理解认知。从我国教学教师的现状进行分析发现,外教对中国的文化以及相关的特性并不是很了解,甚至对于一些礼仪存在偏见和误解,一旦大学生对于本土文化的认识产生了偏见,那么将会严重影响到大学生的人生观、世界观和价值观,更严重的会导致大学生无法担当我国未来发展的主力。②不容易掌握课程的进度与难度,传统模式教育体制根深蒂固,学生们从小就形成了接受学习的理念。但是,跨文化交际所提倡的是学生主动进行知识的探索,实现的是教师与学生的良性互动。教师在跨文化交际的背景下要重点对课程的关键要点进行把握,以关键要点引出其他小点,提高学生的学习能力和口语能力。这种开放式的先进教学理念一旦在我国的教育课程中得到完全运用,则很难对课堂的进程和讲课的时间进行把握,这就对教师自身的水平与英语能

力提出了更高的要求。另一个问题就是学生自身在这种课堂模式下会放松,要保证课堂纪律也是一个考验。

三、跨文化交际视角下大学英语教学模式分析及选择

作为高校教学的重要学科之一,英语在学生的发展中扮演着重要角色。在跨文化交际的视角下,除了要求学生掌握一定的语言应用技巧外,还需要注重文化的学习。

(一)丰富英语教学内容

考虑到我国在跨文化教学研究方面的不足,包括理论和实践方面的不足,导致大部分教师对英语跨文化教学的认识不足。受应试教育理念的影响,部分教师的教学观念仍然滞后,他们仍然将学生的应试能力培养作为教学的重点,忽视了学生在跨文化背景下交际能力的培养,导致英语教学无法满足跨文化交际的需求。因此,为了解决这个问题,高校英语教师需要尽快改变传统的教学观念,认识到在跨文化交际下提升学生英语素养的重要性,并将跨文化英语教学作为重要的教学内容。

此外,教师在教学过程中应不断丰富英语教学内容,结合英美文化开展教学活动,确保英语教学内容与跨文化交际的需求相一致。这样,学生在英美文化的熏陶下,可以加深对英语技能和知识的掌握。同时,为了提高教师的教学能力,学校可以为教师提供提升技能水平的培训平台。

总的来说,跨文化交际视角为大学英语教学的发展提供了新的机遇,在充实英语教学内容的基础上,实现了大学英语教学模式的优化。

(二)创新英语教学方法

构建大学英语教学模式的关键在于创新教学方法,确保学生在课堂上扮演主体角色,以促进高效的教学活动。部分教师在课堂活动中采用单向知识传授的方法,严重削弱了学生的英语学习积极性,不利于培养学生的英语素养。因此,要求教师从创新教学方法的角度出发,坚持学生的主体地位,营造积极的学习环境。通过教学方法的改革和现代技术的应用,可以实现教学方法的创新,激发学生对英语学习的兴趣。

在跨文化教学中,教师可以采用合作教学模式,以小组为单位进行活动,突出学生的主导地位,在英语知识预习、课堂教学、教学效果反馈等环节中培养学生的自主学习意识。例如,教师可以鼓励学生在课堂之外收集与教材内容相关的资料,重视国外文献的研究。教师还可以要求学生根据教学内容和英美文化编写并表演自己创作的英语话剧。这个过程中,学生的资料查询能力和英语交际能力得到增强,对有效构建英语教学模式具有重要意义。

此外,在英语教学过程中,可以通过应用先进技术来创新教学模式。利用多媒体技术,收集与课堂教学内容相关的音频和图像资料,使学生对英美文化有所了解,进一步加深对教学知识的印象。

(三)延伸英语课堂教学

在跨文化交际的背景下,高校英语教学模式的进一步发展需要超越课堂教学,创造出跨文化学习的氛围。培养学生的跨文化交际技能不能仅依赖英语课堂的教学,还需要在确保英语课堂有效进行的前提下,更加重视对课堂之外学习的关注,并创造良好的教学环境。举例来说,教师可以推荐具有较高价值的英美读物给学生,并鼓励他们写读后感。这些英美读物中蕴含大量的英美文化,通过阅读,学生可以更深入地了解英美文化,而写作则有助于提升学生的写作能力。这是提高学生英语学习能力的重要措施,可以实现课堂内外学习的有效衔接。此外,为了培养学生的英语交流能力,高校英语教师还可以鼓励学生利用原声电影来学习英语知识,通过模仿电影中的对白,锻炼学生的英式思维,既了解英美文化,又提高学生的听力水平。

除了上述措施之外,还可以为学生提供一个学习氛围浓厚的交流空间。例如,许多学校加强与国外高校的合作,通过互派留学生,使学生能够亲身体验国外文化。学生通过积极与留学生交流,可以掌握更多的英语知识。同时,教师可以利用学校的传播渠道,创造一个专门介绍英美文化的模块,例如在校报、宣传栏和校园广播中设立专栏,方便学生了解英美文化。通过延伸课堂教学,可以完善教学模式,确保大学英语教学模式能够适应跨文化交际对英语教学提出的新要求。

第四节 跨文化交际背景下的高校英语教学模式构建

面对社会和时代发展对于跨文化交际人才的需要,高校英语教学承担着培养具有跨文化交际能力人才的责任,构建新型的高校英语教学模式成为必然。下面将从教学目标及内容、教学原则、教学方法和教学评价等几个方面对这一教学模式进行具体阐述。

一、教学目标及内容

跨文化外语教学在西方国家发展很快,虽然在术语使用上目前并不统一,但其中所体现的外语教学思路有很多共同点。例如,有学者在调查了欧洲各国语言文化教学的现状后,以欧洲跨文化交际需要为前提,提出将语言和文化相结合的综合教学,以文化为基础的交际能力的教学和更为普遍的基于文化的外语教学等。在这些思想理论基础上,结合我国的高校英语教学情况,跨文化外语教学的总体目标应为:提高学习者的语言能力、交际能力和培养学习者的跨文化交际能力。

语言能力包括语音、词汇、语法等语言知识,以及听、说、读、写、译等技能。交际能力是指正确并适宜地进行交际活动,包括语言能力和语用能力。而跨文化交际能力则是指在不同语境下,灵活运用语言知识和技能进行交际,超越具体的语言和文化群体。

跨文化外语教学的目标涵盖了语言能力、交际能力和跨文化交际能力,因此教学内容应包括语言教学、文化教学和跨文化交际能力培养三个方面。语言教学包括基本语言知识和使用,文化教学包括文化知识和交流,而跨文化交际能力培养则包括培养跨文化意识、跨文化交际能力、跨文化交际实践等。

在跨文化外语教学中,学习者通过学习目的语言和文化,掌握目的语言知识,并能有效地与目的语言群体进行交流。同时,学习者还需反思自己的母语,了解语言的普遍规律,了解文化的构成、作用和发展规律,以及语言与社会、文化之间的关系。通过体验目的文化、反思本民族文化,学习者能够增强对文化差异的敏感性,并培养对目的文化的移情态度。在教师的帮助和指导下,学习者还需学会调适并解决跨文化交际中可能出现的问题,如文化冲突和误解等。

这三个方面的教学内容是紧密联系且相互渗透的。语言知识和文化知识是基础,语言使用和文化交流提供了实践和体验的机会,而跨文化意识则在知识学习和实践中培养,为学习者的知识学习和实践交流提供了思想准备。最终,通过跨文化交际的实践,学习者能够培养出跨文化交际能力。

在文化教学中,需要注意避免中西文化失衡或出现"中国文化失语症"的情况,即片面强调西方文化的输入,而忽视母语文化的重要性。学习者作为跨文化交际的主体,有时可能无法用英语表达中国文化,特别是对中国传统文化的表达显得力不从心。因此,需要采用"生产性外语学习"的方法,即在目的语学习过程中,目的语与母语水平的提高相辅相成,目的语文化与母语文化的鉴赏能力相互促进,充分发挥学习者自身的潜能。在"生产性外语学习"中,母语和母语文化发挥积极作用,并强调两种语言和文化价值系统之间的互动作用,而不是替代归属的关系。因而在外语文化教学中"母语文化"不可缺失,文化教学不可失衡,应帮助学生形成"生产性外语学习",发挥两种语言文化的互相促进作用,真正实现跨文化交际。

此外,还需要注意,在教学中避免割裂语言和文化的关系而导致孤立而机械地进行语言教学和文化教学,两者应有机结合。语言的本质包含丰富的文化内涵,从语音、词汇到句法,都承载了特定的文化意义。语言是文化的反映,而文化则是语言存在和运用的背景,二者密不可分。语言学习必然伴随着文化的学习,而文化为语言学习提供了丰富而真实的环境,它们既是目标也是手段。因此,在语言教学的过程中应融入文化教学,将语言教学与丰富真实的文化内容相结合,使学习者能够学到活生生的语言,感受真正的文化,真正享受学习的过程。[①]

[①]王晓霞. 跨文化交际背景下高校英语教学模式研究——评《跨文化视角下的高校英语教育探索》[J]. 新闻战线,2018(12):160.

二、跨文化英语教学的原则

(一)以学习者为中心,培养学习者自主学习能力

学习者是教学过程的真正主体,教学的开展应以学习者为中心,围绕着学习者的需要进行。在跨文化外语教学中,对学习者跨文化交流能力的培养也是基于学习者这个主体,因而,学习者语言及文化学习的需要、体验、态度、能力等都是教学设计的考虑因素。"以学习者为中心"要求因材施教。不同的学习者学习风格、学习方法、学习能力都不尽相同,教学应针对学习者的不同情况选择合适的教学方法和合适的引导。而因材施教和培养学习者自主学习能力是相辅相成的。自主学习是指学习者对自己的学习负责,具备在学习过程中独立选择的愿望和能力。学习者主动创造学习机会,而不仅仅被动地对教师提供的刺激做出反应。他们不等待学习的发生,而是积极主动促使学习的进行。在跨文化外语教学中,自主学习能力至关重要。培养学习者的终身学习思维是教育的一个目标,而跨文化学习内容广泛而庞大。仅仅依靠教师的传授是不够的,更重要的是培养学习者的学习能力。这种能力是可持续发展的,培养学习者自主学习的能力就像是"授人以渔",使他们能够更好地实现学习目标。

(二)互动性原则

这里提出的互动性原则既包括了语言与文化的互动性,也包括了中西文化的互动性,还包括教与学的互动性。教学应持发展的眼光看待语言与文化,两者是动态的,互相交织发展的,跨文化英语教学也应跟上时代的步伐,在互动发展中进行。中西文化之间应是平等对话、互动共存的关系,尤其是在当今世界全球化趋势下,文化的互动共存更为明显,跨文化英语教学也应遵循这一规律,发挥中外文化学习的互促作用。在教与学的过程中,新型教学模式已经改变了知识单向传递的模式,强调的是教学传播过程中的双向传递、互动过程,教师教学影响着学生的学习,而学生又反过来影响着教师的教学传播行为。而跨文化交流本身就要求进行文化的双向交流,语言本身也是在交流中产生和发展的,因此,跨文化英语教学过程应是一个互动的过程,要充分发挥学生的学习参与积

极性,取得好的教学效果。

三、跨文化交际背景下高校英语的教学方法

我国的英语教学曾先后采用过语法翻译法(简称翻译法)、直接法、听说法、认知法、交际法等几种主要的教学法。

语法翻译法源自欧洲中世纪对于希腊语、拉丁语的教学,诞生于18世纪末,它是以翻译、阅读原著和分析语法为主要的教学活动,目的是培养学生的阅读能力,训练心智。其长处在于使学生语法概念清晰,阅读能力较强,翻译能力和写作能力得到提高。但不足之处也显而易见:强调阅读忽略了语言交际能力,学生语言应用技能差,交际能力差,而且教学形式单一、枯燥,学生容易失去学习兴趣。

直接法产生于19世纪下半叶西欧资本主义蓬勃发展、国际交往日益频繁的社会背景下,语法翻译法不能满足需要,针对语法翻译法的英语教学改革运动兴起。直接法主张借鉴儿童习得母语的方法,通过目的语直接学习和应用,不使用母语中介,用动作、图画等直观手段教学。其优点在于教学直观、注重实践,在培养口语能力方面效果显著。其缺点也不可避免,就是夸大了儿童习得母语和成人学习英语之间的相似性,忽略了两者间的差异;忽视了母语在英语学习中的作用;强调经验和感性认识,注重口语,忽略了文学修养,学习者知其然不知其所以然。

听说法强调听、说领先,通过反复模仿、强化操练形成习惯。其优点是重视句型结构的练习,并通过与母语的对比由易到难安排教学,有利于学习者掌握外语。但它过分强调机械性操练和死记硬背,忽视了对能力的培养,过分重视语言的结构形式,忽视了语言的内容与意义。

认知法是在20世纪60年代认知教学论的基础上产生的。它强调语言的学习要靠理解、掌握语言规则,重视智力活动在获得知识过程中的积极作用,认为语言学习是主动的心理活动而不是形成习惯的过程。认知法在鼓励积极思维、发展智力、注重培养学生语言综合运用能力等方面显现出优势。由于认知法强调认知语法规则,所以它也叫"现代语法翻译法"。而过分强调要在认知语法规则的基础上进行英语教学也是其缺陷,而且在实施过程中容易出现语法翻译法的老毛病。

交际法产生于20世纪70年代，主要由英国应用语言学家威尔金斯等创立。交际法认为语言教学的目标是培养学生使用目的语言进行交际的能力。除了包括语言结构，语言教学的内容还应涵盖表达各种意念和功能。交际法注重培养学生的语言能力，主张通过交际活动进行学习，并将教学活动情境化。相较于以往的教学法派别，交际法具有以下优点：重视学生的实际需求，注重培养交际能力，体现了语言的社会功能；将教学过程交际化，提高了学生的交际能力。然而，交际法也存在一些缺陷，包括：功能意念项目的确定和统计较为困难；以功能意念项目为线索组织教学大纲缺乏科学性；功能意念项目与语法、句型结构之间的关系难以协调；教学中容易忽视学生的语言错误，对交际产生影响。

许多学者认为，从20世纪90年代起，在各种教学法流派纷呈近百年的"方法时代"后，英语教学进入"后方法时代"。"后方法时代"的教学法重视学习过程，重点在于语言知识的构建、学习动机与学习策略的培养，强调教师的主导性和学习者的自主性，以培养学习者的可持续发展能力为目标。"后方法时代"的教学法的代表是"任务型教学法"。它是指教师通过引导语言学习者在课堂上完成任务来进行的教学。在语言教学中，任务指为达到某一具体的学习目标而设计的活动。"任务型教学法"强调"在做中学"，认为在教学活动中，教师应当围绕特定的交际和语言项目，设计出具体的、可操作的任务，学生通过表达、沟通、交涉、解释、询问等各种语言活动形式来完成任务，以达到学习和掌握语言的目的。其优点在于以任务为中心，突显真实性，使学习者在任务驱动下学习和进行知识构建，有助于培养学生的综合语言运用能力和学习的自主化。"任务型教学法"是在以往教学法的基础上形成的，和其他教学法并不排斥。

不论是处于"方法时代"的教学法，还是"后方法时代"的教学法，它们都有其产生的时代背景和适用环境。同时，不断增长的教学需求也推动了教学法的发展和更新。因此，在跨文化英语教学中，我们不能局限于某一种教学法。我们应该秉持"教而有法、教无定法"的理念，根据不同的教学内容和教学情景选择不同的教学方法，综合运用各种教学法，发挥优势、回避缺点，以追求最佳的教学效果。

四、跨文化交际背景下的教学评价构建

文化是跨文化英语教学的主要目标和内容之一,而文化的主观性和复杂性带来了文化测试和评价的困难。传统的纸笔形式和客观量化的测试在针对强调记忆的客观语言知识掌握的标准化评价上有其优势,但无法客观评价学习者的能力、态度和学习过程。因此,仅仅依赖传统的客观定量测试已无法满足跨文化英语教学的评价要求,基于"真实评价"和"表现评价"的定性分析评价法应运而生。可以通过对学习者学习过程的观察,对其学习的努力程度、进步情况、学习态度、最终成就等进行综合性评价。学习者也可以通过评价过程来对自己的学习进行反思,促进和指导自主学习。同时,形成性评价相对于传统的终结性评价更能激励学生,帮助学生发现学习中的问题并及时调整,有效调控自己的学习过程,取得更好的学习效果。学习者容易获得成就感,有利于培养学习者的自信心。

因此,跨文化英语教学应该采取形成性评价和终结性评价相结合的评价机制,以更客观和积极地对学习者的情况进行反馈,并对学习者的学习起到良性的反拨作用。

总体说来,高校英语跨文化教学模式是以培养学生的跨文化交际能力为终极目标,以培养学生的交际能力(包括语言能力和语用能力)为基础目标,以英语语言知识与语言技能、文化知识、跨文化交际等为主要内容,将语言教学和文化教学有机结合,集多种教学手段和方法为一体的教学模式。教学过程中教师是教学活动的组织者,整个模式以学生为主体,教师为主导。

在此模式中,英语语音、词汇、语法等语言知识和听、说、读、写、译等语言技能以及文化知识和文化交流教学活动可以通过计算机来进行,也可以通过教师的课堂教学来进行。图中实线箭头表示以某种教学环境为主,虚线箭头表示以某种教学环境为辅。具体来说,"语音、词汇、语法"等语言知识和文化知识在课堂教学中进行,以便于使用语法翻译法讲解基本的语法和语言基础知识,并对文化知识进行必要的介绍和解释,使学生形成基础的认知。同时,利用"计算机网络"的环境和条件,鼓

励和引导学生开展自主学习,就文化知识主题进行搜索、学习和思考,发挥计算机和网络对学生思维发展和知识建构的参与、帮助作用,成为课堂文化学习的补充。文化知识以课堂教学为主,"计算机网络"环境下的教学为辅。针对"听、说、读、写、译"五项语言技能的不同特点采用不同的教学环境。"听"的训练主要在"计算机网络"环境下进行,更便于多种听力素材的使用,特别是网络上丰富的原汁原味的英语听力素材,能够给学生创造近乎真实的听力环境,同时辅之以课堂教学对听力技巧和方法进行适当讲解。"说"和"读"的训练既要在"计算机网络"环境下进行,又要有课堂教学,可以借助计算机和网络进行阅读和口语及发音训练,课堂同时进行文章内容、体裁等的分析讲解和口语的互动。"写"和"译"的训练以课堂教学为主,以在计算机网络环境下的教学为辅,因为对于写作和翻译两种输出技能的训练,教师的面授指导最为直接和有针对性,也更有效。这里需要强调的是,文化交流是必不可少的一项内容。学生在实践交流活动中能够真正体验文化差异,直观面对跨文化交流的障碍和问题,在教师的指导下,培养文化敏感性和跨文化交流意识,对可能产生的文化休克等情况有所体验和了解,能灵活处理和做好自我调适。

文化交流的开展既可以利用"计算机网络"的环境,也可以在实践交流活动中进行。实际上,从学生的跨文化交流需求和教学培训效果来看,开展跨文化实践交流活动,如短期的对外交流互访、参与国际会议或活动的志愿服务工作,甚至建立实体的跨文化实践交流体验平台或实践交流体验中心,都是值得鼓励的形式。高校英语跨文化教学模式将为学生提供包括丰富的教学内容、多样的教学手段、多种教学环境、多元教学方法等在内的较为全面的立体教学模式,以达到培养跨文化传播人才的目标,满足我国在国际交往中跨文化传播的需要。

[27]张议月.翻转课堂教学模式下教师角色变化及应对策略[J].中国多媒体与网络教学学报(上旬刊),2019(10):150-151+154.

[28]赵新梅,贾增荣.高校英语教学中翻转课堂模式的应用分析[J].当代教研论丛,2018(11):13.